Un solo padre en casa

«Se necesita todo un pueblo para educar a un niño».

Proverbio africano

© Editorial De Vecchi, S. A. 2019
© [2019] Confidential Concepts International Ltd., Ireland
Subsidiary company of Confidential Concepts Inc, USA
ISBN: 978-1-64461-927-8

Jocelyne Dahan
Anne Lamy

UN SOLO PADRE EN CASA

EN CASA

Triunfar en el día a día

dve
PUBLISHING

Introducción

Según fuentes de la Dirección General de las Familias y de la Infancia del Ministerio de Trabajo y Asuntos Sociales, el 7 % de las familias de nuestro país (acercándose cada vez más al 9 % de la media europea) están formadas por un solo adulto (la madre en el 90 % de los casos) con hijos menores a su cargo, con o sin contacto con el otro progenitor. ¿Cómo educan a un hijo un padre o una madre que están solos? Es la pregunta que se plantean trescientas veinticinco mil familias en España. Estas no tienen muchos puntos en común, pese a lo cual se las suele agrupar bajo la denominación de «familias monoparentales». Actualmente, esta expresión apenas tiene sentido. Aquí, este término deberá entenderse entre comillas... ¡por no decir que debe cogerse con pinzas!

Padres divorciados o separados, viudos o viudas, personas que adoptan solas a un niño o que lo educan sin el otro progenitor, así son las «familias monoparentales». Muchos se preguntan si este estilo de vida no acabará creando niños «cojos», como las garzas que aprenden a sostenerse sobre una sola pata para no caerse. Del mismo modo, se acumulan las preguntas sobre la construcción de la identidad psíquica y sexual del niño, su evolución en la escuela o en su vida futura. Por último, son muchos los que desean ser padres en singular, sin descuidar de paso su propia vida...

Quizá habrá que elaborar el duelo por la «familia ideal», aquella con la que soñábamos cuando éramos pequeños. Porque un niño que no crece con su padre y su madre en casa no se convierte forzosamente en un delincuente, alguien imposibilitado para la vida en pareja o inestable. Estas nuevas familias nos demuestran que ahora ya no hay una manera «buena» y una «mala» de hacer las cosas, sino mil maneras de ser padres. Solos o no, separados o vueltos a casar, neófitos o jefes de una tribu de niños.

Capítulo 1

Estado de la cuestión

Cada vez es más frecuente que la vida de un progenitor incluya episodios de paternidad o maternidad en soledad, lo que comúnmente se denomina «monoparentalidad». Con este término se hace referencia a una multitud de maneras de ser padres solos, durante un breve periodo de tiempo o durante un tiempo prolongado.

Una situación cada vez más habitual

El 7% de las familias españolas son «monoparentales», según las designan los demógrafos (Dirección General de las Familias y de la Infancia del Ministerio de Trabajo y Asuntos Sociales, 2005). Esta situación es bastante frecuente en una época en la que la vida en pareja tiende a parecerse más a un contrato de duración determinada que a uno indefinido. No está de más recordar que en 2002 hubo en España 120.000 rupturas matrimoniales, lo que equivale a decir que cada cinco minutos (o menos) se rompe un matrimonio... Si a esta cifra se suma el número de parejas de hecho que se separan y de familias monoparentales que hay en nuestro país (cifra estimada en 325.000, en la inmensa mayoría de las cuales el único adulto es la madre) nos podemos llegar a hacer una idea de lo habitual que es la situación a la que estamos haciendo referencia.

¿Por qué hablar, de entrada, de mujeres? Las cifras indican que son ellas las que, en casi nueve de cada diez casos, viven solas el día a día con los hijos. Pero también los padres saben hacer frente a esa cotidianidad solitaria; y cuanto mayores son los niños, más son los padres que comparten sus cuidados. Otro efecto del tiempo que pasa: cuantos más años tiene la pareja, mayor es el riesgo de vivir solo en algún momento. La proporción de un solo progenitor en casa lo demuestra: casi el 4 % de menores de 4 años se halla en este caso, el 10,5 % de 5-15 años y el 4,5 % de 16-19 años.

Un mosaico de familias

¿Cómo ha evolucionado este grupo de padres solos? En otro tiempo, las viudas, la única categoría «políticamente correcta», eran mayoritarias. Hoy en día, las cosas han cambiado mucho: las parejas separadas son, con gran diferencia, las más numerosas. Representan más del 60 % de estas familias, a lo que hay que añadir el 20 % de viudas y el 13 % de las mujeres que nunca han vivido en pareja.

¿Quién forma parte de este grupo heterogéneo? Una pareja que se acaba de separar y mantiene buenas relaciones para educar a sus hijos. Un ingeniero de 45 años, viudo, que educa solo a tres adolescentes. Una joven estudiante de 18 años, que vive con sus padres y se queda embarazada en contra del deseo de su novio. Los ex cónyuges, en guerra desde que se han separado. Una mujer de 32 años, sin trabajo, madre de dos niños pequeños, cuyo marido acaba de morir en un accidente. Una profesora de 40 años, decidida a tener ese niño del «ahora o nunca» que acaba de «fabricar» con un hombre de paso; y también personas solas que adoptan un niño. ¿Qué tienen en común? Los niños de estas familias no crecerán con un padre y una madre bajo el mismo techo. Excepto este dato, sus condiciones de vida quizá no tendrán nada que ver. En eso, estas familias reflejan la diversidad de las familias de un país europeo.

De las «niñas madres» de antes, a los padres solos de hoy

La monoparentalidad no es una producción cien por cien moderna. Durante generaciones, ha habido mujeres que han educado a sus hijos sin un marido en casa; cónyuges que se ven obligados a vivir solos tras la defunción de su pareja; parejas separadas porque uno de los miembros navega en alta mar; mujeres solas que asumen la educación del hijo que el hombre no ha reconocido. Durante mucho tiempo, este grupo, constituido sobre todo por viudas y «niñas madres», era casi bipolar. Por una parte, las viudas, dechados de virtudes; por la otra, las madres solteras, objeto de constantes críticas.

En el siglo XXI, ya no funciona esta clasificación y no se fustiga a las familias que no viven como la mayoría. Eso no significa que la mirada de la sociedad sobre estas familias sea siempre condescendiente...

La invención de la «monoparentalidad»

Esta palabra es producto del mayo francés del 68. La mujer se liberó entonces del yugo del hombre, que reinaba como amo y señor tanto en la sociedad como en la intimidad. En efecto, no es hasta finales de los años sesenta cuando la mujer ve reconocido el derecho a trabajar o a abrir una cuenta bancaria sin tener que pedir permiso... al señor. La píldora se legalizó en Francia poco después (en España no fue hasta 1985). La mujer reivindica el derecho a tener un hijo «si quiero, cuando quiera». Al mismo tiempo, el porcentaje de trabajo femenino se incrementa. Se produce un reconocimiento colectivo de la mujer: se ha convertido en una persona de pleno derecho y ya no es sólo una madre (preferentemente, en casa) o una esposa.

Al mismo tiempo, el matrimonio vacila sobre su pedestal y muchas parejas prescinden de la vicaría o el ayuntamiento para formar una familia. En el ordenamiento jurídico español, es norma que la patria potestad (es decir, aquel conjunto de derechos y deberes que la ley confiere e impone a los padres respecto de las personas y bienes de sus hijos no emancipados) sea ejercida siempre en beneficio de los hijos. Entre los deberes principales que incluye la patria potestad están la obligación de estar con los hijos, cuidarlos, protegerlos, alimentarlos, educarlos, procurarles una formación integral, representarlos legalmente y administrar sus bienes. La regla general es que la patria potestad se ejerza de forma conjunta por el padre y la madre, independientemente de que éstos se encuentren o no casados, reservándose el ejercicio exclusivo por parte de uno de ellos cuando se cuenta con el consentimiento del otro. Con el transcurso de los años se han multiplicado las familias compuestas por la madre, normalmente, y uno o varios niños, consecuencia bien de un acto militante bien de un accidente de la vida.

No se es monoparental al cien por cien

¿Qué familia se puede definir como monoparental en sentido estricto? No muchas. En efecto, los cónyuges supervivientes se quedan solos tras la muerte de su pareja. Las mujeres cuyo compañero ha desaparecido del mapa durante el embarazo también están solas. Las personas que adoptan solas a un niño, también. Del mismo modo, nadie echa una mano en la educación de los hijos de los hombres cuya compañera ha soltado amarras. Estas son situaciones de soledad y a veces dolorosas, sería absurdo negarlo.

Pero muy a menudo la compañera o el compañero de camino no desaparecen completamente o durante mucho tiempo. No es extraño que los padres, desorientados durante el embarazo de su compañera, se escabullan casi en el umbral de la maternidad (y de su paternidad) para reaparecer cuando el niño ya no es un bebé. También es frecuente que después de una separación, los ex cónyuges sigan ejerciendo su función de padre o madre, incluso si algunos lo hacen esporádicamente. De hecho, hay una confusión entre los términos «familia monoparental» y «hogar monoparental». Decir «familia monoparental» es negar la existencia del otro progenitor, que no necesariamente está ausente. En cambio, hablar de «hogar monoparental» es describir la realidad que conocen estas familias: en esa casa vive un solo progenitor.

¿Una situación involuntaria o deliberada?

Actualmente, con excepciones, educar solo a un bebé no se suele elegir. Esta es quizá la gran diferencia con algunas madres de los setenta, para las que educar a un niño sin un hombre era un acto casi político. Cuando la situación es involuntaria es en los casos de defunción. Asimismo, tras una ruptura, a menudo nos damos cuenta de que se había elegido a una pareja inadecuada para la paternidad. Al profundizar en el pasado de la familia, no es extraño encontrar puntos comunes entre la propia historia y la de nuestros padres. Quién sabe qué influye más, el azar o el inconsciente...

Progenitor solo, pero no por mucho tiempo

Tomemos una fotografía de la sociedad y contemos a los padres solos. Serán muchos. Pero este resultado es un poco engañoso: con casi cuatro parejas casadas de cada diez que se divorcian, debe haber una gran rotación de parejas. Pero la fragilidad creciente de los matrimonios no desacredita ni la vida en pareja, ni la vida familiar. La prueba es que el periodo medio antes de renovar un nuevo enlace es de cinco a seis años. Si vemos el vaso medio lleno en lugar de medio vacío, podríamos hablar de sucesión de historias amorosas en lugar de secuencias de monoparentalidad. Por otra parte, una cosa no existiría sin la otra...

Casado para lo mejor, no para lo peor

¿Por qué hay tantos divorcios hoy en día? Porque nos parece anormal seguir juntos para lo peor, en una sociedad que nos obliga a lo mejor. El reino del «todo, todo y ya», que tanto gusta a los más jóvenes, también encuentra seguidores entre los adultos. Por su parte, la sociedad parece decir «¡Sed felices! Y si no lo sois, reaccionad», y lo repiten los medios de comunicación y los intelectuales. El culto a la plenitud personal casi exige la renuncia a la pareja si su funcionamiento reclama algunos meses de rodaje o una revisión general. Incluso obliga a poner fin a una unión si no se ajusta con esta época que nos condena a la felicidad...

De la sociedad patriarcal a la sociedad de los niños

En estos últimos decenios, el objetivo de la familia se ha desplazado del interés por el padre al interés por los niños. Es el fin del páter familias, que mandaba en su pequeño mundo y se ha visto destronado... por sus propios hijos.

Además, con la multiplicación de los que se divorcian, se podría decir que el principio de indisolubilidad se ha desplazado de la pareja a los hijos: se ha acabado el amor, de acuerdo, pero padres lo seremos para toda la vida. Tras producirse la separación o el divorcio, aquel de los progenitores al que no le ha sido otorgada la guardia y custodia de los hijos tiene derecho a visitarlos y a comunicarse (vía teléfono, correo ordinario o electrónico, SMS, etc.) con ellos, determinando el juez la duración y las otras características (dónde y cuándo) en que se ejercerá tal derecho. En algunas comunidades autónomas existen los Puntos de Encuentro Familiar, que son centros en los que se pueden llevar a cabo las visitas, garantizando el derecho de los niños a relacionarse con ambos padres, y en los que pueden intervenir profesionales (abogados, educadores, psicólogos) que supervisen o hagan un seguimiento —dependiendo del caso concreto— de las mismas. Actualmente, ya no es el enlace entre dos adultos el que es inoxidable, sino la filiación. Y los recientes debates sobre la homoparentalidad, que nos recuerdan que también se puede educar a un niño sin ser necesariamente su progenitor biológico, subrayan hasta qué punto este concepto de la filiación es importante.

La paternidad zarandeada

Es evidente que, pensando en el hijo, los progenitores que hayan decidido poner fin a su vida en común intenten por todos los medios a su alcance llegar a una solución amistosa en aquello relativo al ejercicio de los derechos de visita y comunicación por parte de aquel progenitor al que no le ha sido asignada la guardia y custodia del menor y que, en una proporción de 9 a 1, será el padre. Cuando no es posible alcanzar dicho acuerdo, los jueces suelen otorgar a aquel con quien no convive el hijo el derecho a tenerlo en su compañía durante los fines de semana alternos y la mitad de las vacaciones, salvo si el menor se encuentra en periodo de lactancia.

Pero hay que decir que la paternidad se ha visto muy zarandeada estos últimos años. Los padres se encuentran a caballo entre dos generaciones. Se les pide que no copien a los padres autoritarios del pasado, pero tampoco pueden copiar a las madres de hoy. Es fácil imaginar hasta qué punto esta doble exhortación: «No hagas como tu padre, pero tampoco hagas como tu compañera» es incómoda...

El resultado: muchas mujeres se disgustan ante la discrepancia entre los ejemplos que esgrimen los medios de comunicación (un puñado de hombres que hace malabarismos con los hijos, el trabajo y la cena) y su vida cotidiana. Las cifras del reparto de las tareas del hogar nos recuerdan, en efecto, hasta qué punto están lejos del reparto igualitario entre el hombre y la mujer de la calle. Algunos padres, desorientados, bajan los brazos y se desentienden de la familia. Abandonan y queman las naves. ¿Y los padres separados? Seguir haciendo de padre a través de los laberintos de la ruptura es muy complicado. Algunos resisten e inventan su manera de ser padre. Pero a qué precio...

La maternidad, obligada a evolucionar

Hablar del papel de los hombres es también analizar el de las mujeres. Si ellas quieren que sus compañeros estén más presentes, tendrán que abandonar una parte de lo que constituía su cotidianidad. A algunas les cuesta dejar este «monopolio» de lo femenino en lo íntimo y en la educación diaria de los hijos. Las mujeres viven mal esta pérdida de poder y, por otra parte, sufren los efectos de la dominación masculina, sobre todo en el trabajo.

Plantearse la distribución de las funciones paternas y maternas es probablemente un trabajo para padres y madres (solos o no) del siglo xxi. En nuestro país, son de aplaudir iniciativas legislativas que han dado como fruto la Ley 39/1999, de 5 de noviembre, de Conciliación de la Vida Familiar y Laboral de las Personas Trabajadoras o el Real Decreto 1251/2001, de 16 de noviembre.

La monoparentalidad estigmatizada

Muy a menudo, la monoparentalidad se analiza como fracaso. Un progenitor menos necesariamente dará como resultado dificultades escolares, dimisión de la función paterna y materna, incapacidad de socializarse, soledad, sexualidad problemática y miseria económica. Incluso si se consideran padres normales, los padres solos acaban integrando este discurso determinista según el cual todo estaría decidido por anticipado puesto que un progenitor está ausente. En realidad, la monoparentalidad no genera preocupaciones por sí misma. Sería más bien la acumulación de dificultades lo que acaba por pesar en la balanza: la depresión o el aislamiento social del progenitor, su falta de cualificación profesional, los horarios de trabajo apremiantes, los problemas financieros. No obstante, la acumulación de funciones no es obligatoria cuando se educa solo a los hijos.

Lo esencial

La noción de monoparentalidad es engañosa: da por supuesto que sólo hay un progenitor y nada más. La expresión «hogar monoparental» describe mejor la realidad: sólo hay un progenitor en esa casa.

Generalmente, educar solo o sola a los hijos no suele ser una elección voluntaria.

El número de familias monoparentales ha aumentado mucho, lo cual refleja la fragilidad de los enlaces y las inquietudes relacionadas con la reciente revolución de las funciones paternas y maternas.

Educar solo a un niño no es en sí mismo un problema. Puede serlo cuando la monoparentalidad se acompaña de otras preocupaciones más graves (depresión, problemas financieros y profesionales...).

Capítulo 2

Un mosaico complejo

Con el término común de «monoparentalidad» se alude en realidad a una multitud de situaciones muy diferentes. ¿Qué diferencias hay entre padres y madres solos? ¿Cómo se llega a ser un progenitor solo?

«Ha tenido un bebé sola»

Que una mujer tenga de verdad un hijo sola revela más una fantasía que una realidad. En los años setenta del siglo pasado se trataba de un acto feminista que reflejaba una mal disimulada guerra de los sexos («De los hombres, lo tiro todo... excepto la semillita»). Hoy en día, los hijos han cambiado de estatus: ¡se han convertido en algo *imprescindible*! Es casi el último accesorio de moda. No hay semana sin que una revista presente a una actriz con su bebé.

Un solo padre en casa

Por otra parte, la gran novedad es la disociación de dos nociones en otro tiempo relacionadas: el enlace y la filiación. Cuando el matrimonio era un valor seguro, no era conveniente tener un hijo sin que antes a la mujer le hubiesen puesto el anillo en el dedo. Hoy en día, cuando los enlaces son frágiles y la filiación se pone por las nubes, parece legítimo («¡Tengo derecho!») querer tener un hijo, incluso sin vivir en pareja. Algunas mujeres optan por tener un hijo con un amor de paso que no siempre está al corriente del proyecto. Este bebé que se implanta, podría decirse (en lo que respecta al deseo del padre) «por allanamiento», nunca llega por azar. Quizá es el único, pero sabe por qué está ahí. A menudo, guarda un aire de familia. No es algo matemático, pero es frecuente ver resurgir episodios de la historia familiar que se creían «digeridos». Así, hay grupos de mujeres que educan solas a sus hijos, frente a grupos de hombres a quienes no se ha consultado sobre su deseo de tener un niño.

Estas situaciones a veces suponen para la mujer la imposibilidad de realizarse respaldada por la imagen positiva de un hombre, en este caso el padre. ¿Ese hombre se batía en retirada? ¿Había «delegado» sus funciones en la madre? La ausencia de imagen paterna positiva impide a la futura madre hacer proyectos con ese hombre (pronto también padre) a su lado. También puede suceder que el hombre rechace esta paternidad y que la mujer decida tener al niño. ¿Cómo explicar esta discrepancia de deseos? ¿Cuál era su relación antes de la llegada del bebé?

Tarde o temprano surgirán las preguntas. Habrá que hablarle al niño de su padre. ¿Quién era ese hombre? ¿Por qué no ha podido o no ha sabido asumir sus funciones? Tener una página en blanco en lugar de un linaje paterno es una fuente de sufrimiento y de dudas. A falta de respuestas, el niño irá en búsqueda de sus orígenes o, lo que sería lo mismo, en búsqueda de otros objetos inaccesibles. Por eso es mejor guardar la pista de ese progenitor, para que el niño sepa quién es y dónde vive, sin perjuicio de que el padre entre en contacto con el niño más tarde. Es mejor un padre de carne y hueso (incluso si es decepcionante) que uno ausente e idealizado...

El bebé del «ahora o nunca»

En efecto, las mujeres son madres cada vez más tarde: según el Instituto Nacional de Estadística, la edad media en que las mujeres españolas tienen su primer hijo es de 30,7 años; los extremos están en el País Vasco, con una edad media superior a los 32 años, y en Ceuta y Melilla y las Islas Canarias, con algo más de 29 años. Sin embargo, cada vez hay más mujeres que tienen su primer hijo cerca de los 40. Estas mujeres no pueden o no quieren (en el caso de una relación amorosa pasajera) hablar con ese hombre del proyecto de tener un hijo. ¿Voluntad de omnipotencia femenina? No necesariamente. No se imaginan fundando una familia con él. Como tampoco consideran abortar y esperar... a una próxima vez. Este acceso a la maternidad interviene como una confirmación de su identidad femenina. También ayuda a las mujeres a inscribirse en una continuidad familiar y corresponde a una necesidad casi vital de proyectarse en el futuro. Pero tampoco es cuestión de transformar este bebé de la última oportunidad en un «bebé anzuelo». Muchas dicen: «No tengo derecho a forzar a este hombre a ser padre contra su voluntad». Inevitablemente se acumularán las preguntas del niño desde el momento en que se vea confrontado a otros niños y otros modelos familiares. Quizá será mejor prever una «novela familiar», para afianzar a este progenitor en una realidad. El niño puede entender

24

que su padre y su madre se han amado y que ese hombre no ha podido convertirse en su padre. Eso no le impedirá tener una relación sólida con otras figuras masculinas (el nuevo compañero de su madre, sus tíos, un amigo cercano…). Así, trasladará a otros «padres simbólicos» lo que el niño o la niña no ha vivido con su padre biológico. Y, si es un chico, dispondrá de un modelo de identificación posible.

El bebé «tirita»

A ojos de las madres, a menudo jóvenes, el bebé es una bendición: «Este bebé es lo mejor que he hecho en mi vida». Ser madre, incluso sola, es la única relación que se puede ofrecer en una vida sembrada de obstáculos: infancia difícil, relaciones posesivas (o muy conflictivas) con la madre, episodios de bulimia o de toxicomanía, etc. La maternidad se considera como una «reparación» de situaciones mal vividas.

El bebé desencadena sentimientos complejos: por una parte, al revivir con el hijo lo que hubiese querido vivir con su madre, la joven mujer consigue por fin «cortar el cordón umbilical». Al convertirse en madre, accede al estado de adulta. En efecto, estar embarazada es la manera más básica de declarar: «Mirad, he hecho el amor. Por tanto, ya no soy una niña». Como si fuera necesario pasar al campo de los padres para convertirse de verdad en adulto. Por otra parte, el nacimiento precipita a la madre en un estado de identificación con su propia madre, de la cual no obstante desea liberarse. Por último, no es raro que se tome a esta joven madre por... la hermana mayor de su hijo. Esta vuelta a la infancia se refuerza cuando pierde el contacto con el padre del niño. Sin pareja, sin formación y sin recursos, la joven madre vuelve a vivir con sus padres. Vuelve a ser «la hija de...». Si el padre no ha reconocido al niño, el bebé llevará los apellidos de la madre, aunque en el orden que esta considere más oportuno. Es como si esta mujer joven diese a su propio padre un nuevo hijo. Para que cada uno recupere su lugar simbólico bajo ese techo, sería útil que ella mantenga con su padre y su madre la distancia justa. Algo que es posible conseguir al conocer a un nuevo compañero o al dejar el domicilio de sus padres.

¿Y el bebé? En este contexto en que el progenitor no cumple sus compromisos y la madre está muy ocupada, quizá será difícil construir su identidad y evitar la fusión, curioso eco de la relación apegada (o conflictiva) vivida por la joven con su propia madre. A menos que empiece una psicoterapia para desenredar el hilo y abortar la repetición.

El niño «parche»

La pareja flaquea, vacila, justo salen de una crisis de repetición. Para un miembro de la pareja este es el momento ideal de tener un hijo y consolidar así esta unión un poco deteriorada. El resultado será que se superará o estallará...

Francamente, a menudo se rompe. Ahora bien, es una canastilla un poco pesada que también se deposita a los pies de la cuna del niño. El niño queda confuso por dos sentimientos contradictorios: por una parte, una fantasía de reconciliación en la que sueña con el día en que sus padres volverán a estar juntos. Por otra, una fuerte culpabilidad, si la pareja no logra reconciliarse. Es su nacimiento el que ha traído la ruptura: él es tan difícil (caprichoso, una nulidad en la escuela) que su padre y su madre no desean volver a vivir juntos.

Resituar la llegada del bebé en la historia de la pareja progenitora le quitará un peso de encima al niño: no, no es culpa suya. El niño se imaginará gustosamente en el centro de todo, incluida esta separación. Si esta omnipotencia es una tendencia natural, también es una manera de protegerse: soporta mejor las dificultades de la vida de actor que de espectador. Sin embargo, hay que decir y repetir que él no tiene nada que ver con esta historia y que el padre y la madre son los únicos responsables. También hay que asegurar al niño la perennidad del amor que los adultos sienten por él.

Ha tenido un bebé sola... en pareja

¿Es una situación anormal? ¡Mucho menos de lo que se imagina! En efecto, es frecuente que los dos adultos no estén «en la misma onda» sobre su deseo de tener un hijo. Uno va adelantado o el otro va con retraso. De ello resulta que la pareja no era muy partidaria del primer hijo, pero él o ella no ha dicho nada. Con el segundo hijo, las cosas se deterioran... Esta vez, la pareja estalla. Esta discrepancia de deseos a menudo esconde otras, más antiguas o más profundas. Este bebé, que irrumpe en la vida de la pareja sin que uno de los dos lo desee, se vive como alta traición. El embarazo puede producir una ruptura cuando la pareja llega a ese punto de ausencia de negociación y de comunicación. Los hombres, especialmente, sienten que su compañera les ha tendido una trampa: «Me ha utilizado como a un semental, sin pedirme mi opinión», piensan. Las consecuencias de esta entrada triunfal son las mismas que las del bebé parche que se indicaban más arriba.

La pareja ha fallecido

Las reacciones del progenitor que se queda solo dependen mucho de las circunstancias del fallecimiento. Si ha sido brutal, la pareja queda hundida y se sume en la negación. Las cosas son diferentes cuando la muerte ya se tenía presente, en caso de enfermedad de la pareja o si ejercía una profesión peligrosa. Para todos, este hecho se acompaña de estupefacción, negación, cólera, injusticia («¿Por qué yo?»), culpabilidad («¿Podré dar suficiente amor y seguridad a los niños?»). Después, vendrá el tiempo de la tristeza y de la soledad («Nadie me entiende; todo el mundo quiere que me recupere») antes de que vuelva a rehacer su vida.

Un solo padre en casa

Pero recuperar la propia vida es complicado: primero porque a menudo hay una etapa de idealización del último periodo vivido con la pareja. ¿Cómo amar a otro cuando el fallecido era un ser formidable? La cuestión central tras este suceso es preguntarse cuál era el estado de la pareja antes del fallecimiento... Pero es una pregunta que raramente se formula. Volver a amar es también arriesgarse a ver morir a ese nuevo amor. Al progenitor solo también le cuesta rehacer su vida, porque quiere consagrarse al cien por cien a sus hijos. A veces incluso le cuesta delegar en sus parientes, porque se imagina que debe «darse por completo» para ser al mismo tiempo el padre y la madre. Por último, el progenitor que se ha quedado solo está envuelto en una imagen tan virtuosa que prefiere ignorar la sexualidad antes que reconocer su falta.

¿Y para los niños? A veces, el progenitor reproduce con su hijo la relación de apego que tenía con la pareja fallecida. Esta simbiosis es siempre complicada, sobre todo en la adolescencia o con un niño del sexo opuesto («Ahora tú eres el hombre de la casa», dice la madre). También, a veces, crecer a la sombra de un progenitor fallecido e idealizado será una carga pesada, sobre todo cuando el niño es del mismo sexo que el ausente. En todos los casos, la presencia de un tercero de sexo diferente al del progenitor solo facilita el desarrollo de la identidad sexual.

Adoptar solo a un niño

Que se haya dedicado a su carrera profesional y se haya «olvidado» un poco de su vida amorosa, o que se haya vivido una mala historia de amor, no impide que el deseo de tener un hijo siga intacto. Cuando una mujer o un hombre (más raramente) está solo o sola a los 35-40 años, la adopción es una manera de notificar que el amor no ha sido posible pero que la transmisión de su linaje y la capacidad de amar a un niño están ahí. Después de todo, renunciar a vivir en pareja no obliga a privarse de la felicidad de ser padres.

Para ello, primero hay que obtener el certificado de idoneidad de las autoridades competentes, que determina si ese hombre o esa mujer pueden adoptar. Una solicitud de adopción presentada por una persona sola es perfectamente legal. La capacidad de amar a un niño y el deseo de ser padres pueden ser tan sinceros tanto en pareja como en soledad. La atención, sobre todo, se pone en el niño. Ha vivido un abandono y hay que hacer todo lo posible para facilitar el encuentro entre este y sus progenitores. Los profesionales comprueban al detalle las condiciones de vida materiales, educativas y psicológicas del adulto. Estudian sobre todo el entorno familiar del progenitor, por dos motivos. Parece más difícil que un progenitor aislado tenga los «cortafuegos» psíquicos para dejar espacio entre el niño y él. Esta tentación de omnipotencia o de fusión (que acecha a todo tipo de progenitor) se refuerza con un progenitor solo. Es un poco como si el progenitor dijese: «Soy el único que te quiere. Lo soy todo para ti y tú lo eres todo para mí». Frente a estos papeles casi invertidos (el niño apoya a su progenitor), la familia y los amigos hacen de cámara de ventilación. Además, al acoger al pequeño, los familiares ayudan al adulto a convertirse en el progenitor de ese niño. Por último, le permiten crecer rodeado de adultos y referentes de sexo diferente al de su progenitor. Estos hombres (o estas mujeres) van a servir de modelo identificativo al niño y van a facilitar el desarrollo de su personalidad. En el caso en que el progenitor solo sea del mismo sexo que el niño adoptado, estos adultos aportarán al «tercero», como dicen los psicólogos. Muestran al niño que uno se construye no sólo con «lo mismo» (el progenitor del mismo sexo), sino también con «lo otro» (un adulto del sexo opuesto). Tras los bonitos discursos de los candidatos, los profesionales detectan a veces aspectos incompatibles con la adopción. Por ejemplo, la aversión por el otro sexo. Ahora bien, para desarrollarse, un niño o una niña necesita representaciones positivas de los dos sexos. Denigrar al otro sexo equivale a decir, por ejemplo en el caso de una mujer: «No necesito a los hombres para ser madre». A un niño le costará crecer en un hogar en que la mitad de la humanidad se ha suprimido...

A veces, los profesionales también notan lo que se llama el «síndrome de la Virgen María». En ese caso, lo que está ausente no es el otro sexo, sino la sexualidad. Frente a un candidato que no tiene o no desea tener vida sexual, los profesionales se cuestionan los riesgos de fusión progenitor/niño. El adulto quizá aportará kilos de felicidad al niño. Pero esta relación amenaza con ser sofocante para el pequeño.

Progenitor homosexual y solo

La cuestión del acceso a la paternidad o a la maternidad no está reservada exclusivamente a los heterosexuales. Se plantea a cualquier mujer y a cualquier hombre, sea cual sea su orientación sexual. Hay diferentes maneras de ser padre o madre cuando se es homosexual. Algunas mujeres optan por la inseminación artificial con donante conocido. Otras recurren a la inseminación artificial con donante desconocido, que permite disponer de los espermatozoides de un hombre, sin saber nada sobre él (esta práctica está prohibida en algunos países de la Unión Europea). Otras mujeres recurren a una madre subrogada, o de alquiler, pero en Francia y España es ilegal. Por último, homosexuales y lesbianas, solos o no, optan por la adopción, aunque tengan que ocultar su homosexualidad porque en algunos países podría acarrear una negativa. En España, sin embargo, cualquier persona que cumpla los requisitos legalmente requeridos, con independencia de su sexo, orientación sexual o del hecho de vivir sola o en pareja, goza del derecho a adoptar.

La inseminación con donante puede parecer poco poética. ¡Es difícil construir la «novela familiar» a partir de una probeta llena de esperma! Además, cuando se trata de una inseminación con donante desconocido, no se sabe nada del progenitor. «Reducir al padre a unas gotas de esperma es hacer de ese hombre un producto veterinario», podría espetar más de uno. En efecto, puede ser un poco violento para el niño. Todo dependerá de la manera en que se explique este nacimiento y del lugar reservado al otro sexo.

El niño que vive con un progenitor homosexual necesita saber, como cualquier otro niño, que lo masculino y lo femenino son igualmente respetables. No es cuestión de hacerle rechazar la mitad de su identidad bajo el pretexto de que el progenitor afirma su identidad sexual del lado de un mismo sexo.

¿Cómo se desarrollará la sexualidad del niño? Crecer junto a un progenitor homosexual no implica que el niño reproduzca más adelante las orientaciones sexuales de su progenitor, y hay que desterrar estos tópicos porque no tienen en cuenta las influencias externas. En la guardería o en la escuela, el niño ve a hombres y mujeres en pareja que vienen a buscar a otros niños, educados según los estereotipos que los convertirán en niños y niñas. Y se enamorará de una persona del sexo opuesto según los mismos porcentajes que sus amigos de padres «tradicionales». Según concluye un estudio americano; los padres homosexuales no crean más (futuros) homosexuales que las parejas heterosexuales.

¿Un progenitor «presente ausente»?

¿Cuántos niños son educados por una madre (lo más frecuente) que asume casi sola la vida cotidiana? ¿Qué es peor para el niño: un padre que está presente pero que no asume su función parental? ¿O un padre que no siempre está ahí, pero con quien se puede contar?

Durante mucho tiempo, la función paternal se limitaba a traer dinero a casa mientras la madre educaba a los niños. Hoy en día, algunos hombres alegan esta función económica como pretexto para abandonar su papel. No obstante, este esquema, según el cual vivían sus padres, actualmente es obsoleto. Muchos hombres demuestran que se puede estar al mismo tiempo implicado en el trabajo y en la educación de los hijos.

En caso de padre «presente ausente», porque su profesión le obliga a trabajar lejos, tarde o con horarios incompatibles con la vida familiar, la madre debe «inyectar» presencia paternal para dejar al padre el lugar que le corresponde. De este modo, los niños sentirán que les educan el padre y la madre. Así, es mejor decir: «Vale, puedes pasar el fin de semana en casa de

Tomás, tu padre también está de acuerdo», que: «¿Qué quieres que te diga? ¡Ve a casa de Tomás! Como de costumbre, tu padre no está y todo tengo que decidirlo yo...». Al implicar al padre, se reequilibran las funciones paternas y maternas y nadie se pone en el papel de víctima. De acuerdo, la mujer se encarga de los niños y de la vida cotidiana. Pero en el otro extremo de la cadena, el hombre trabaja para mantener a la familia... Sin embargo, esa función financiera no impide que el hombre se implique en su función paterna, quizá no en cantidad pero sí en calidad.

Por otra parte, cuando su compañera le confiere una dignidad al hombre, el padre siempre está presente en la mente del niño. Incluso durante sus ausencias, está ahí para marcar las prohibiciones y estructurarlas.

Un ex casi ausente

Después de un divorcio muy conflictivo, sigue siendo poco frecuente que los padres opten por la residencia alterna, que permite a los niños vivir largos periodos de tiempo con su padre y con su madre.

Un solo padre en casa

En general, los niños se confían a uno de los dos, la mayoría de las veces a la madre, y el otro progenitor no está presente más que de manera intermitente. ¿Cómo evolucionan los vínculos entre el progenitor «a tiempo parcial» y los hijos? Si el adulto se desentiende, inflige una herida narcisista para los niños, que se sienten poco queridos puesto que los abandonan...

En lo posible, hay que conservar un vínculo, aunque sea tenue, con el otro progenitor. No importa si ese padre no es el ideal, si no está tan disponible como sería de desear...; pero como mínimo, existe. Los niños podrán desarrollar con él una relación auténtica, aunque no sea perfecta. Sin esto, dejarán volar su imaginación. El riesgo es que se queden con dos palmos de narices cuando descubran quién es su padre. En cambio, si los niños mantienen el vínculo con el padre aprenderán a transigir con sus defectos, pero también a reconocer sus cualidades.

Un ex casi ausente plantea otra pregunta: ¿quién excluye a quién? ¿Es el padre, que se aleja? ¿Es la madre, que se alegra de recuperar a los hijos? A menudo reaparecen cosas ya presentes antes de la separación.

Lo esencial

Una situación de monoparentalidad, involuntaria o deliberada, a menudo repite la historia familiar del progenitor.

Al otorgar a la mujer un estatus de madre, el bebé a veces refuerza una identidad femenina frágil.

Sean cuales sean las condiciones de su nacimiento, el niño no debe sentirse responsable de la separación de sus padres.

Es positivo construir una «novela familiar» para explicarle al niño quién es (era) el otro progenitor. Lo ideal es mantener un vínculo, aunque sea tenue, con el otro progenitor.

Capítulo 3

El desconcierto de ser padres

Actualmente, la gran mayoría de los padres solos llegan a esa situación tras una separación. En esta sociedad que ensalza a los bebés, se olvida demasiado deprisa hasta qué punto ser padres deviene una conmoción para la pareja. Además, esta etapa es todavía más complicada cuando sólo hay un progenitor en casa...

▦ Para el padre y la madre

⇨ Ser padres no es tan fácil

En un momento en que los bebés están de moda, es difícil reconocer que tener un hijo no proporciona una felicidad plena. En efecto, siempre hay padres que, al borde de las lágrimas, explican que son felices desde que hay una cuna en la casa; que ese pequeño ser les tiene continuamente embelesados. Francamente: ese pequeño ser embelesa, pero también absorbe las energías. Aunque lo olvidemos o lo ignoremos, la realidad se impone rápidamente. Ser padres es una verdadera revolución. Íntima, conyugal, de identidad... No es fácil, pese a que se controla el número de nacimientos y que nunca se había prestado tanta atención a la educación de los niños.

Ser padres es partir al descubrimiento de uno mismo y del otro en la paternidad o en la maternidad. Tanto si se está solo como en pareja, las dificultades que se presentan están en consonancia con las alegrías que el bebé nos procura: felicidad, talla XXL. Pero también dudas y angustias, talla XXL.

⇨ El fin de la propia infancia

El embarazo y la llegada de un niño devuelven a los padres a su propia infancia. En parte es por eso por lo que se vive una de las crisis de identidad más importantes de la vida de adulto. Se reviven las instantáneas de esa época de la vida, se rescatan los viejos álbumes, se pregunta a los padres el cómo y el porqué del propio nacimiento. A veces, esta rememoración saca a la luz episodios de nuestra infancia que no nos evocan buenos recuerdos.

«Cuando uno se convierte en padre o madre de su hijo, deja de ser el niño de sus padres». Puede sonar a perogrullada, pero no lo es: gracias a esta diferencia de posicionamiento, proyectamos una nueva mirada sobre nuestros padres y nuestra infancia. A menudo en este periodo se despiertan viejos dolores y se suscitan muchas preguntas: ¿queremos reproducir la educación recibida?, ¿qué nos ha faltado? Es un momento esencial de lucidez sobre el pasado. Evidentemente, todo ello acarrea cierta agitación interior... Finalmente, hay que esperar nueve meses para hacer balance sobre la infancia. Antes de prepararse, a su vez, para crear bonitos recuerdos para nuestro bebé.

⇨ Cada uno, su herencia familiar

La llegada de un niño a menudo es, pues, la ocasión de una inmersión en la herencia familiar. Herencia consciente y narrada, podría decirse, cuando remite a los diferentes ascendentes: sus profesiones, sus caracteres, las uniones y desuniones, las desapariciones, etc. Junto a esta herencia «oficial», existe otra de la que se habla menos y que también se basa en la historia familiar: la herencia inconsciente. No se transmite con palabras y a menudo permanece silenciada. Es un poco como si el niño heredara a su nacimiento el inconsciente de las generaciones precedentes. Como si los secretos de familia fuesen susurros que penetran en el inconsciente de las generaciones futuras... Un nacimiento ilegítimo, una muerte prematura (asesinato, suicidio...), un abuelo de costumbres desenfrenadas, un episodio trágico (muerte de un hijo, enfermedad) son asuntos dolorosos que pueden influir en la vida futura del niño, sin que sea consciente, y sin que nadie le hable de ello. Todo sucede como si la familia estuviera sensibilizada con estos temas, y no es raro encontrar en una generación «repeticiones» de episodios vividos por los abuelos. Así, hay familias en que los hombres mueren prematuramente; otras en que las mujeres se quedan solas durante su embarazo; otras en que las esposas abandonan a sus maridos, etc. Cuando se vive en pareja, la presencia del otro da estabilidad. Impregnado por su propia herencia familiar, también el compañero debe transigir con lo que sus abuelos le han transmitido. Eso permite que cada uno relativice su historia, sin dejar que las emociones le embarguen.

⇨ **Pasar del dúo al trío**

Ya está, el bebé tan esperado por fin está aquí. Su llegada no es fácil para nadie. El padre y la madre están obligados a pasar de la relación dual a la tríada, sobre la cual se cierne, de un modo diferente, la problemática edípica de cada uno de los padres. La madre se sitúa en el lugar de su propia madre; y su pareja toma simbólicamente el lugar de su propio padre. Si uno u otro tiene todavía relaciones complicadas con sus progenitores o subsisten puntos de desacuerdo o de tensión con los padres o los suegros, la situación se acompaña de algunas disonancias. Las heridas de la infancia, hasta el momento bien enterradas, afloran a la superficie. Quizá son fuente de conflictos y de incomprensión entre los nuevos padres. «Cualquiera diría que el bebé no te gusta», «Podrías haberlo dicho, que preferías un niño»: el ambiente está cargado. ¿Qué pareja no se ha tambaleado en esta época de la vida?

⇨ Emociones contradictorias

Hay que decir que todo conduce a esta fluctuación. El bebé ignora la revolución que provoca y trastoca los ritmos circadianos de sus padres sin culpabilidad: tiene que comer cada tres o cuatro horas. La madre, que se acaba de recuperar del parto, fusiona su ritmo de vida con el del bebé. Y en una jornada tan densa busca algunos minutos para ducharse (a las

45

tres de la tarde), tender toda esa ropa que espera en la lavadora desde la noche anterior, bajar a toda velocidad, con el bebé en brazos, a comprar algo para cenar antes de que cierren las tiendas... En esos tiempos, evidentemente, los padres también se ven anegados. En amor. Pero no sólo eso: en emociones, fatiga, angustia...

⇨ **Tan pequeño pero... ¡pronto tan mayor!**
Educar a un niño es amarlo para hacer que sea autónomo y empujarlo... para que pueda ir solo. Esquemáticamente, se le enseña a gatear por la alfombra del salón. Después a andar, para que pueda dedicarse a sus ocupaciones de bebé. A continuación vendrá la época de la bicicleta, la de los patines y, menos enternecedora pero muy esperada por el adolescente, la de la moto.

En resumen, cuanto más crece el niño, más se aleja. Pero hay un momento en que cuesta aceptar este alejamiento necesario y obligatorio. Justo tras su nacimiento, el bebé es tan dependiente de sus padres que esta idea de distancia a algunos les parece incongruente. Otros eluden el tema refunfuñando: «Ya se sabe que no se educa a los hijos para quedárselos». Eso no impide...

Para la mujer

⇨ Es la hora del baby blues

Se puede explicar de manera científica, porque el nacimiento del bebé se acompaña de un trastorno hormonal. Este va seguido por la subida de la leche, a su vez seguida de cerca por una subida... de lágrimas.

En el fondo, poco importa que la nueva mamá tenga o no buenos motivos para llorar a cada momento. En efecto, la mujer se enfrenta a una serie de duelos: por la niña pequeña que era; por su vida de antes, libre como el aire; por su cuerpo de antes, más seductor que el que la sorprende ante el espejo; por su embarazo. También tiene que «enterrar» a la madre de su infancia. Al convertirse en mamá a su vez, ha hecho avanzar un paso la rueda de las generaciones: se ha convertido en madre y mujer, frente a su propia madre convertida en abuela. Por último, hay que vivir el duelo del bebé imaginado, mucho menos escandaloso que el que se desgañita en la habitación de al lado.

⇨ Del bebé soñado al bebé real

Durante nueve meses, se lo ha imaginado mofletudo y con rizos. O calvo como una bola de billar y con grandes ojos negros. Se lo ha imaginado y le ha querido... Y ahí está, diferente a lo que había soñado.

Además, nos irrita que no se nos parezca en nada. Es un comilón en una familia frugal; y no tiene ni pizca de paciencia. Este aterrizaje forzoso en la realidad se acompaña de una mezcla de sentimientos. Evidentemente que sentimos amor por este bebé, pero es que eso es lo único que hacemos. Esta ambivalencia es una proyección de lo que se ha sentido, años antes, por la propia madre. Una relación tan fuerte está teñida de amor y odio. Hay que recordar la adolescencia agitada en la que se intentaba, mal que bien e incluso con desesperación, desprenderse de ese amor tan intenso...

⇨ «No sé cómo hacerlo»

Si llora durante el baño (cuando el bebé de los amigos ríe a carcajadas), si se duerme sobre el pecho tras un par de chupetones o hace siestas de minutos, ya está, nuestras certezas se derrumban. ¿La leche será bastante (o demasiado) rica? ¿El bebé tiene cólicos o ganas de dormir? ¿Querrá un mimo o un baño?

La madre queda sepultada bajo una avalancha de preguntas sin respuesta. Se siente completamente superada. Tampoco la tranquilizan los consejos perspicaces, aunque quizá contradictorios, de las «expertas» (mejores amigas, madre o suegra, colegas, vecinas). «No sé cómo hacerlo...», clama la nueva mamá. ¿Por miedo de hacer lo mismo que su madre? ¿De superarla? Cada uno encontrará su respuesta.

⇨ **La tentación de la omnipotencia**

A la inversa, algunas mujeres se sienten tan investidas de esta nueva función que casi olvidarán un «detalle»: se ha necesitado a dos adultos para hacer este bebé. Convertidas en un abrir y cerrar de ojos en especialistas mundiales del niño de pecho, ellas vigilan todos los actos y gestos de su compañero, dispuestas a sacar la tarjeta amarilla en cualquier momento. Otras se lo toman de manera diferente: están tan omnipresentes que el padre apenas puede acercarse a su bebé... «Deja, ya lo hago yo», repiten. En ese juego, todo el mundo pierde: la mujer se siente tan omnipotente que le costará dejar que otras personas se ocupen del bebé; el bebé se sentirá perdido sin su madre en el punto de mira; y el hombre se sentirá tan presionado que acabará por abandonar y desinteresarse por el recién nacido.

⇨ **El producto es defectuoso**

«¡Nadie me había dicho que viviría como una zombi durante tres meses!», protestan algunas mujeres.

Estaban influidas por la imagen idílica de postal (mamá fresca y rosada con bebé tranquilo en su cuna), más que por esta realidad que salta a la vista. Están despeinadas, sumidas en la desorganización, agotadas por ese pequeño que duerme (por fin), a propósito del cual se preguntan cómo conseguir que crezca sin que antes se resbale al fondo de la bañera o se ahogue con su peluche.

Esta «cara oculta» de la paternidad y la maternidad nos gusta olvidarla una vez pasados los primeros meses (o un poco más, en caso de bebé poco dormilón o muy inquieto). Para las que viven esa realidad, es una superchería. ¿Dónde está la felicidad de la que tanto se habla? ¿Dónde están las escenas de alborozo familiar? ¿Quién se ocupa de la compra? ¿Dónde encontraré media hora para ir a la peluquería?

⇨ Ideas negras para noches en blanco

Al traer al mundo un bebé, se acepta avanzar un paso por el camino de la vida. Se cambia de lugar y de rango: esta responsabilidad a veces es aplastante, sobre todo porque ese niño depende de nosotros completamente. A la mínima adversidad, todo se hunde. Por otra parte, nos asaltan miedos irracionales. ¿Y si, extenuada por esta vida tan alejada de la escena ideal, la pareja echa a correr? ¿Qué se sabe de la muerte súbita del niño de pecho? Las sillas de coche para bebé, ¿son de verdad fiables?

Para el hombre

⇨ Aprendiz de papá

No se aprende a ser papá de un día para otro. Muchos se sienten torpes con ese pequeño concentrado de humanidad entre sus manos. No saben cogerlo, les intimida la idea de bañarlo, cambiarlo. Y, no obstante, es precisamente la suma de estas (relativas...) torpezas lo que ayuda a desarrollar sus gestos de padres. No son gestos de amor menos importantes, sólo son diferentes de los de la madre. Algunas mujeres son de crítica rápida: «Vas a hacerle daño», o: «Si le das el biberón así, traga aire». En realidad, ganarían mucho más si dejaran a su compañero ejercer su talento como él lo entiende. La madre debe dejarle ocupar su lugar. Y el hombre no tiene necesariamente que reproducir los gestos de su mujer para convertirse en papá. Tiene su propio olor, su densidad física, y el bebé percibe rápidamente la diferencia entre uno y otra. Diferencia no significa preferencia: el bebé simplemente necesita esas dos maneras de ser amado y mimado. Por último, en sus titubeos iniciales, los padres aprenden una cosa esencial de las madres: no hace falta ser perfecto para ocuparse de un bebé. Este no dejará de respirar si no lo cogemos como indican los manuales. Una revelación para algunas, decididas a participar en los campeonatos del mundo de la mejor mamá.

⇨ **Excluido y celoso**

Pese a que es difícil reconocerlo, la llegada de un bebé puede ser un periodo violento para un hombre. Compartía una vida feliz con una compañera atenta y disponible y se siente doblemente engañado. Primero, se siente casi excluido de la historia de amor sin sombras que ve nacer entre su compañera y el bebé. Puede sentir celos ante este dúo madre/bebé tan apegado y frente al cual le cuesta encontrar su sitio. Estos celos también puede sentirlos hacia su mujer, porque desea sentirse tan a gusto con el recién nacido como ella. Por último, puede que también se sienta celoso de ese pequeño ser que le «roba» a su pareja.

⇨ **«¡Hay una madre en mi cama!»**

Él se despertaba cada mañana al lado de su amante. Y, de repente, hoy, se duerme al lado de una madre.

Madre y amante, dos facetas de la misma mujer. A veces sobra una... A algunos hombres les cuesta mirar con amor a la que consideran en lo sucesivo sólo como una madre (que hace la sopa, cambia al bebé y le recuerda inevitablemente a su propia madre) y no como a una amante. También necesitará un poco de tiempo para integrar esta idea: durante algunas semanas, es posible que la mujer «de antes» esté como ausente, demasiado absorbida por su nueva situación.

A continuación, el nuevo padre tendrá que olvidar poco a poco las imágenes del parto. Es un momento fundamental en la vida de un progenitor, pero esas escenas intensas, a veces violentas, interfieren la mirada amorosa. Al esfumarse, permiten que se recupere lo sensual y lo sexual donde sólo existía lo carnal. Para algunos, unos días bastan. Para otros, son necesarios algunos más.

⇨ Encuentra a la amante tras la madre

Este cambio de mirada masculina no siempre encuentra eco en la nueva mamá. Traumatizada por la episiotomía, la incisión quirúrgica en el periné, o los dolores que ha sentido durante el parto, a ella puede costarle volver a sentir sexualmente su cuerpo. «Todavía no, tengo miedo, me duele», pide ella. Ese cuerpo que

fue durante meses el lugar de la maternidad debe poco
a poco volver a ser un lugar mixto, para la maternidad y
la sexualidad. La mirada de amor y de deseo del
compañero ayuda a superar los miedos: no, este cuerpo
no sirve sólo para amamantar, llevar y acunar al bebé.
Como el del hombre, también es un territorio de placer y
de intercambio para el padre y la madre.

Cuando se es padre o madre en soledad

⇨ Pasar del dúo al solo

Si el hombre (o la mujer) desaparece o abandona el
hogar cuando nace el niño, es difícil asumirlo todo al
mismo tiempo: la tristeza del duelo o de la ruptura, y la
felicidad de ser mamá. La depresión ligada a la ausencia del otro progenitor se cernirá además sobre las
madres en plena depresión posparto... que amenaza
con durar mucho más tiempo que en otras mujeres.
Pero no hay opción: debe hacérsele frente. Naturalmente, habrá más momentos bajos que altos. Pero todas y todos los que han pasado por ello saben hasta
qué punto el bebé ayuda a no hundirse. Es una realidad tangible de 3,5 kilos que nos necesita las 24 horas
del día. Apenas queda tiempo para pensar o llorar.

Nos ahorra la inmersión en el abismo y no pone límite a las subidas de moral con la primera sonrisa del niño...

⇨ **Kilos de culpabilidad**

A menudo el progenitor solo se ve asaltado por la culpabilidad: «No le ofrezco un entorno de vida clásico», «Siempre buscará aquello que no ha conocido», «No sé si es correcto educarlo así». Las dudas nos invaden en el momento de la concepción, y nos dejan... medio siglo más tarde, en el mejor de los casos.

Apenas exageramos, porque el modelo dominante de familia sigue siendo el de padre y madre bajo el mismo techo. En realidad, solo o en pareja, cada progenitor se enfrenta a sus propios límites. Y todos se preguntan si son demasiado exigentes o demasiado permisivos, demasiado protectores o demasiado confiados. El padre o la madre solo no lo hará necesariamente ni peor ni mejor que los «padres en pareja». Por definición, el progenitor es imperfecto. Y está muy bien que sea así. Es eso lo que le da al niño deseos de crecer y de conocer el mundo.

⇨ **La hora de las angustias**

Cuando no se tiene a un interlocutor adulto a mano para apaciguar las angustias, estas campan a sus

anchas. «¿Este tipo de educación provocará una dis-
función?»; «¿Qué le pasará si yo muero?»; «¿Le podré
aportar suficiente atención (amor, dinero, educación)?»; «¿Cómo lo haremos si me quedo en paro?».

No hay que considerar la monoparentalidad en sí
misma como la puerta abierta a todos los problemas.
Primero, porque eso equivaldría a poner los hogares
de los padres en pareja sobre un pedestal, y quizá no
lo merezcan. También supondría ponerse un traje de
«perdedor» más bien inútil. Se constata una rapidez
que la sociedad no es precisamente amable con los
padres solos: dificultades de socialización del niño,
fracaso escolar, miseria social o sexual..., las reflexiones
pérfidas no faltarán. Por lo tanto, es mejor no
ensombrecer aún más las circunstancias. La situación
es económicamente frágil y la vida familiar no es
descansada. Pero eso no es por definición patógeno.

⇨ **La tentación de la fusión**

Progenitor único con un hijo único, la tentación de
replegarse en este dúo es frecuente. La situación no
es, en absoluto, rara, puesto que el 65 % de las
familias monoparentales tiene un solo hijo (frente al
16 % de las llamadas «tradicionales»; fuente: Instituto
Nacional de Estadística, 2001). Este repliegue es

reconfortante: el niño no amenaza con irse como ha hecho el otro progenitor. Además, este tú a tú resulta fácil, sobre todo si se compara con lo que cuesta ir hacia los demás. Pero, poco a poco, esta fusión hace cambiar al niño de estatus. Al principio, se le riñe como a los demás niños; después, se le pide su opinión sobre los menús de la semana; más adelante, nos acompaña a hacer la compra, antes de decidir el programa para el fin de semana. De niño pasa a pareja, incluso a confidente de su progenitor.

Nunca hay que olvidar que la educación es un contrato con fecha de caducidad con vistas a dar al niño suficiente confianza en sí mismo como para que pueda dejar a su progenitor. Ahora bien, le costará dejar el nido si se le impide (o si se le prohíbe, inconscientemente) batir las alas. Tampoco irá muy lejos si percibe que el mundo exterior es hasta tal punto temible que su progenitor debe protegerlo de él.

⇨ **Bebé adorado... pero no sólo eso**

El niño quizá era muy deseado pero, finalmente, su llegada marca el final de la historia amorosa de la pareja progenitora. La tentación de rechazar al niño es grande... Esta amenaza existe también ante un niño deseado que se tiene en pareja. O el bebé es clavado a aquel o aquella que nos ha hecho sufrir tanto y de quien no queremos saber nada. O nos enfrenta a una familia que se juzga responsable del desierto que es la propia vida. No se puede cargar en un hijo esta responsabilidad, que en ningún caso debe asumir. No es culpa suya si ha llegado por sorpresa, si se parece al progenitor ausente, si impide estar libre para salir. Será necesario discernir lo que procede del conflicto conyugal y lo que surge de la función de padre o madre. El conflicto entre los adultos no debe dejar rastro en la relación con el niño. Si es necesario, un profesional (psicólogo, mediador familiar) ayudará al progenitor a analizar este sentimiento de rechazo para ayudarle a liberarse de él.

⇨ Sentimientos ambivalentes

El entorno familiar cercano constituye el único interlocutor disponible con quien compartir la cotidianidad. Hablar de sus sufrimientos o de la felicidad de ser padre o madre con sus allegados, sus amigos o con los educadores de la guardería es una ayuda preciosa para un progenitor solo.

Pero, al mismo tiempo, somos tan vulnerables y tan permeables a las palabras de los demás, que los inter-cambios a veces son complicados. «Me parece que lo abrigas demasiado», dice la suegra. «Tus niños parecen cansados», observan los vecinos. Ya sea sobre detalles anodinos o sobre cuestiones fundamentales, estos comentarios desestabilizan. El progenitor solo hace permanentemente malabarismos con sentimientos contradictorios. Se sabe dependiente de su entorno familiar para asumir la vida cotidiana. Al mismo tiempo, le irrita esa dependencia (sobre todo con sus propios padres). Se exaspera contra ese mismo entorno familiar tan cargado de razones cuando le falta.

⇨ **¿Deprimido?**

Cuando el progenitor va bien, el niño va bien, se repite aquí y allá. ¡Vaya noticia para los que viven con un pañuelo en la mano desde hace semanas!

Permitirse el derecho a la tristeza no significa hundirse durante años. Sí, es un momento que normalmente se presta a las lágrimas de alegría y de emoción. Para los demás, quizá... pero no para mí. No hay que culpabilizarse, sería inútil. Mala suerte, la llegada del bebé coincide con un duelo o una ruptura. Hoy, este bebé y la felicidad que aportará pronto no pueden enmascarar la pena que sentimos. Pero mañana, seremos los primeros sorprendidos: el mismo día se puede estar en el fondo del abismo y ser muy feliz. ¡Sí, sí!

Lo esencial

Ser padres provoca un trastorno personal que tendemos a subestimar, concentrados en la alegría de cuidar al bebé.

Al ser padres a veces resurgen los episodios dolorosos de la infancia. Esto crea tensiones en la pareja.

Los nuevos padres viven una serie de emociones contradictorias: alegría, miedo de no saber qué hacer, agotamiento, angustia, etc.

Dejar al padre el lugar que le corresponde permite evitar la fusión madre/niño. Y recordar que el bebé no puede serlo todo para su madre. Y viceversa...

El dúo de padre o madre solo y bebé ofrece seguridad, pero se corre el riesgo de otorgar al bebé un estatus de pareja cuando debe ser sólo un niño.

Si el nacimiento se produce poco después de un duelo o una ruptura, debemos permitirnos el derecho a la tristeza. El bebé nos ayudará a recuperarnos.

Capítulo 4

El progenitor solo
y la vida cotidiana

La vida de un progenitor solo no es fácil. ¿Cómo encontrar el justo medio entre demasiada y poca autoridad? ¿Cómo organizar la vida profesional? ¿Qué ayudas pueden solicitarse? ¿Y cómo se puede vivir bien con un presupuesto limitado?

Las dificultades

⇨ Entre demasiada y poca autoridad...

No es fácil ser al mismo tiempo el que mima y el que pone límites. Además, los padres solos se culpabilizan a menudo: «Ya es lo bastante difícil, ¡encima no le voy a reñir!», dicen. Es verdad que es más descansado (y más gratificante) mimar a un niño que enfrentarse a él diez veces al día...

Un solo padre en casa

Un progenitor que rechace el enfrentamiento quizás es un adulto al que no le gustaría oír: «Ya no te quiero, ¡eres muy malo!». Pero educar sin oposición es una manera de proseguir la fusión progenitor/niño de los comienzos de la vida. Al hacer como si el niño fuese una prolongación de uno mismo, ya no hay límites entre el padre y el pequeño. La toma de distancia, necesaria para crecer, será muy complicada...

El niño necesita límites claros para desarrollarse, incluso si esto supone pasar por el conflicto. Crecer sin límites es como circular en automóvil por una carretera sin señalizar: uno acaba perdido. Del mismo modo, para un niño es angustioso sentir que puede manipular al progenitor tan fácilmente. «Dime hasta dónde tengo derecho a ir», parece clamar este pequeño, sobreexcitado, que encadena una travesura con la cólera de su progenitor desconsolado, pero que no acaba de actuar con severidad.

¿Acaso es un engorro contrariar siempre al hijo? Sí, pero así es como se fijan las normas de la vida en común y se le enseña a poner freno a sus impulsos. Este aprendizaje forzoso de la socialización empieza en casa. No, no se puede hablar a gritos, asustar a los que son más pequeños ni replicar a los adultos. Una vez que comprenda este principio, podrá ser feliz entre sus semejantes, sin su progenitor. De lo contrario, es el reino de «lo quiero todo, ya, siempre». Y otros adultos (en la guardería o en la escuela) no tardarán en recordarle que vivir en sociedad es someterse a la ley.

⇨ ...y el exceso de reglas

A la inversa, algunos padres solos temen tanto sobreproteger al niño que le exigen demasiada autonomía o autoridad. La autoestima de este niño demasiado oprimido o demasiado autónomo ya no está sobredimensionada como antes... sino minusvalorada. Además, la vida simétrica del progenitor y del niño (sobre todo cuando este último es hijo único) acaba por borrar la diferencia de generación. El niño se convierte en el compañero de su progenitor. A veces incluso, cuando el adulto no está bien, los papeles se invierten. El niño «padre/madre» se convierte así en el apoyo de su propio progenitor. Es un poco el mundo al revés...

El riesgo es la hipermadurez del niño. En efecto, es pedirle que queme la etapa de su infancia. El niño lo asumirá, será autónomo o muy sumiso a la autoridad. Pero al final eso se convertirá en una carga demasiado pesada. Tendrá que afirmar su personalidad y hacer de niño. Es decir, despreocuparse, centrarse en sus deseos, ser impaciente y un poco rebelde. Es mejor vivir todo esto a los 5 que a los 15 años, porque las crisis del adolescente son tanto más explosivas cuanto más van preparándose durante años...

⇨ La monoparentalidad en todas sus formas

«Seguramente tiene tantos caprichos porque lo crío yo solo/a»; «Últimamente tiene pesadillas. Nuestra vida le perturba...» ¿Qué padre o madre solo no ha pensado que su modo de vida es un inconveniente para su hijo? De hecho, a los 2 años, un niño no es caprichoso porque viva en un hogar monoparental, ¡todos lo son a esa edad! ¿Experimenta una regresión con la limpieza? Probablemente es que concentra su energía en progresar en otras cosas, por ejemplo en el lenguaje. ¿Ya no explica qué ha hecho en clase? Es que lo comenta con sus amigos. Todos los niños pasan por fases de regresión o de progresión, de inversión hacia el mundo exterior y de aislamiento sobre la familia. Todo esto no es en absoluto específico de la monoparentalidad.

A fuerza de achacarlo todo a la monoparentalidad es como si nos formuláramos críticas inconscientes que relacionan una actitud del niño (trabaja mal; come poco) con la presencia de un solo progenitor en casa. Se establecen relaciones entre aspectos que no están en absoluto vinculados. Al final, el niño se encierra en este funcionamiento: «Si no trabajo bien es normal, porque en mi casa no hay padre (o madre)». Con este razonamiento fatalista, todo está tan previsto de antemano que sólo le queda abandonar...

⇨ La omnipotencia, muy tentadora

A fuerza de ser el único adulto que asume las grandes decisiones que afectan a la vida del niño, se acaban haciendo las dos funciones, la de padre y la de madre. Ahora bien, el progenitor no puede serlo todo para el niño. Dar a este la sensación de que se es al mismo tiempo su padre y su madre equivale a persuadirlo de que no necesita a nadie más que a su progenitor para colmar sus carencias. Al serlo todo para el niño, se le obliga a serlo todo para su progenitor. No es el mejor medio de dejarlo crecer y ser feliz lejos del padre o la madre. Tampoco es la actitud que lo estimulará a volar con sus propias alas...

⇨ «¡No puedo más!»

Tantos papeles para un mismo actor acaban creando confusión. Entre el trabajo, los doce kilos de la compra

—efectuada en compañía de niños refunfuñantes—
que hay que guardar, los deberes, el cuento de antes
de dormir y los papeles administrativos
cumplimentados entre la cena y el planchado, hay
días en que no se puede más de agotamiento. Una
gota de agua (hay que salir a las siete de la tarde a
comprar el pan, un día de lluvia, con los niños de la
mano) basta para que se desborde el vaso. De
repente, todo explota. ¿Hay que disculparse por esa
azotaina o ese arrebato excesivo? Una vez, por qué
no. Pero el niño debe comprender que, de vez en
cuando, el progenitor tiene derecho a estallar.

Realmente, no siempre se tiene la energía de
solucionar con calma el enésimo conflicto por la
Game Boy, de pedir por décima vez que recojan la
ropa sucia o de suplicar al pequeño que se bañe.
Después de todo, también es una manera de
recordar las reglas de vivir en casa. Comprobará que
después de la tempestad, los niños están en calma.

⇨ «¡No doy abasto!»

Cuando la violencia, la insolencia o la rebelión pasan a
ser el único modo de expresión del niño, el progenitor
solo se siente superado. Esta actitud del niño expresa al
mismo tiempo la necesidad imperiosa de alejarse de

su progenitor y la dificultad de separarse. El adulto se siente impotente, y tiene razón. En efecto hay periodos (el año que sigue a la separación; la adolescencia; la llegada de una nueva pareja o de un bebé) en los que la relación progenitor/niño patina. Esto no debe impedir a los padres recordar los límites («No puedes hablarme en ese tono»; «No tienes derecho a comportarte así en la escuela»). Quizá habrá que considerar la ayuda de un tercero, para apaciguar al progenitor y al niño y encontrar un nivel de comunicación aceptable.

Jugar nuestra baza

⇨ El progenitor perfecto no existe

Se gana tiempo sobre los «padres en pareja» cuando se descubre un principio fundamental: el progenitor perfecto no existe. El progenitor solo, al cual siempre le falta tiempo, lo ha comprendido antes que nadie... Cuando hay que estar en misa y repicando, uno se centra en lo esencial. En resumen, uno se convierte en un progenitor de verdad más que en un progenitor ideal. Al interrogarnos sobre qué tipo de progenitor somos (mimoso o guasón; cocinitas o plastilina;

partidario de los patines o de los tebeos), nos cuestionamos sobre nuestros auténticos deseos. Y nos preparamos para decir más tarde: «Lo he hecho como he podido, ni mejor ni peor que los demás».

Al bajar así su nivel de exigencia, el progenitor acepta sin culpabilidad sus propios límites. Si no tenemos tiempo de hacer un puré de verduras esta noche, podemos recurrir a los potitos. Si no tenemos ganas de bajar al parque esta tarde, no vamos. El tiempo que ganamos, podemos dedicarlo a algo que nos guste. Esta noche, preparar una tortilla de patatas y cenar todos juntos. Mañana, a la piscina, que la nevera medio vacía puede esperar. El niño estará en la gloria. Nota el placer que el padre o la madre obtiene de estas actividades... sobre todo porque percibe los esfuerzos que despliega por las tareas que le apetecen.

⇨ **El final de las discusiones**

A falta de «contrincante» (el otro progenitor), no hay discusiones. Esto supone una energía recuperada para las cosas esenciales... Esto puede parecer una tontería, pero muchos estudios subrayan el carácter dañino de las discusiones de la pareja para los pequeños. Lo que parece que es nefasto para el desarrollo psíquico de un niño es el conflicto entre los adultos, más que el hecho de que los padres estén divorciados o de tener un solo progenitor en la familia. Por tanto, es mejor vivir con un progenitor solo que con el padre y la madre en guerra. Pues si hay conflicto, el niño tiene tendencia a tomar partido por el progenitor que siente que es el más débil y a rechazar al otro. Una posición de árbitro que detesta. Al mismo tiempo, se convierte en el confidente de uno o ambos progenitores. Esta función le procura placer, pero al mismo tiempo le hace perder su estatus de niño.

Los padres solos pueden estar tranquilos, porque dentro de poco volverán las discusiones: con los adolescentes, las ocasiones no faltan nunca.

⇨ **Saber delegar**

Cabe comprender que no se puede ser al mismo tiempo padre y madre. Incluso cuando se asumen todas las funciones educativas, es imposible ser a la vez un modelo de identificación masculino y femenino.

Desde el nacimiento del hijo, el progenitor ha aprendido a delegar. Y ha sabido introducir al «tercero», sobre todo al tercero del sexo opuesto. Los padres solos saben hasta qué punto un abuelo o un tío (para una madre), una madrina o una tía (para un padre) desempeñan un papel fundamental para el niño. Aceptar que sus padres y sus amigos le ayuden es reconocer sus propios límites. Es también dejar a otros el derecho de compartir las cosas con su hijo...; por tanto, permitir al niño ejercer el derecho de ser feliz sin nosotros. Parece que no es nada, pero es una costumbre excelente: es así como el niño se desarrolla.

Hablemos de dinero...

⇨ Un presupuesto muy ajustado

Es matemático: educar solo a uno o varios niños es muy caro. Con un solo salario a menudo se llega justo a cubrir los gastos de alimentación y las zapatillas de deporte que hay que comprar, la factura del teléfono y la de la guardería. Basta que se presente un solo extra (la ortodoncia, la factura del garaje, un cumpleaños) para pasar el mes en números rojos. Nadie se sorprenderá al saber que los ingresos de una madre sola con hijos son inferiores en un 25 % a los de una madre en pareja.

La mayor parte se la llevan los gastos de vivienda y educación. Muchas familias se convierten en mono-parentales tras una separación. Aproximadamente en nueve de cada diez casos, es la mujer la que vive sola con los niños. Cuando ella conserva la vivienda familiar, se «clasifica» según el presupuesto del matrimonio, es decir, con dos ingresos. Hoy en día, la mujer debe ocuparse de la subsistencia de la familia y asumir unos gastos de vivienda «sobredimensionados». Además, no se puede contar con la economía deescala: el hogar quizá cuenta con una persona menos, pero no se puede reducir el número de habitaciones. Un hogar monoparental, incluso «pequeño» (un progenitor y un niño), no podrá contentarse con un piso de una sola habitación... Algunos objetarán que cuando hay un segundo progenitor presente, este último participa en los gastos del niño. Pero ¡falta que ese sea el caso! En efecto, una sola familia monoparental de cada cinco recibe del otro progenitor una participación en la educación del niño, cuando como mínimo una familia de cada dos está divorciada y por tanto es susceptible de recibirla. Además, son los cónyuges separados los más dispuestos a participar en los gastos. Los hogares monoparentales con presupuesto reducido a menudo se defienden solos.

⇨ Un patrimonio «limitado»

Un solo salario en casa exige rigor presupuestario: a menudo se ingresa en la vida en soledad más menesteroso de lo que se era antes. La ruptura se acompaña con frecuencia de una distribución del patrimonio («Tú te quedas la cadena de música y los electrodomésticos; yo me quedo el coche y las bicicletas»). Normalmente, la madre se queda lo esencial y el padre lo menos indispensable. Este patrimonio «limitado» se constata también en el número de padres solos que son propietarios: sólo un tercio lo es, frente a dos tercios de parejas con hijos.

Vivir sin lo superfluo significa también que es imposible ahorrar. Afortunadamente, los abuelos pueden echar una mano. Ayudan en muchas cosas: canguro, bicicleta, vacaciones, regalos, etc. En caso de necesidad, los abuelos ofrecen alojamiento al progenitor solo. Una de cada cinco mujeres menores de 30 años, sola con hijos, vive con sus padres por falta de medios para emprender el vuelo...

⇨ Hacer malabarismos entre niños y trabajo

¿Qué hacer con los hijos cuando se trabaja? Cuando la pareja tiene un bebé, los adultos se arreglan según sus deseos o sus recursos. Por ejemplo, la madre toma la baja por maternidad, el padre opta por un tiempo parcial. Cuando se está solo, no hay opciones: es decir, se trabaja y hay que dejar al bebé en la guardería. También se echa mano de guardería, nodriza, canguro y parentela. También se puede decidir dejar de traba-jar para ocuparse de los hijos. Pero habrá que prever el retorno a la vida activa o considerar la posibilidad de estudiar. Algunas madres prefieren esperar hasta que los niños empiezan el colegio... con los riesgos que comporta este alejamiento de la vida profesional: dificultades de reinserción, aislamiento... En otros casos, la cuestión de elegir no se plantea. Según datos facilitados por el Instituto Nacional de Estadística, en el 19 % de los núcleos monoparentales de madre separada o divorciada no hay ninguna persona que trabaje, dependiendo totalmente de la eventual pensión de separación. A título de ejemplo, en la Encuesta de Pobreza y Desigualdades Sociales publicada en el año 2004 por el Departamento de Justicia, Empleo y Seguridad Social del Gobierno Vasco, se recoge que el riesgo de pobreza alcanza al 19,2 % de las personas adscritas a familias monoparentales, frente a 3,4 % en parejas sin hijos, el 2,8 % en parejas con hijos y solamente el 2,2 % en otros grupos familiares y familias extensas.

⇨ **¿Qué lugar se reserva para el trabajo?**
Tampoco hace falta ensombrecer más la situación: no todos los padres solos se ahogan con las deudas,

puesto que cuatro de cada cinco familias salen adelante. Primero, porque un progenitor solo está obligado a trabajar: según la Encuesta de Población Activa relativa al tercer trimestre del año 2005 publicada por el Instituto Nacional de Estadística, el 75,6 % de las madres solas está activa, aunque únicamente el 56,8 % de ellas desarrollan una actividad remunerada y reglada (porcentaje superior, no obstante, al de mujeres que viven en pareja, que no alcanza el 40 %). Además, las madres solas tienen una media de ingresos más elevada. El motivo es que trabajan menos que otros a tiempo parcial: en efecto, con un sueldo mínimo no podrían atender a las necesidades del hogar. De hecho, son las mujeres más jóvenes las que acumulan las dificultades: tienen menos estudios (han tenido que interrumpirlos por el nacimiento del bebé) y están más a menudo en el paro. Además, conocen menos la vida en pareja que otras mujeres. Sin el apoyo del otro progenitor, se encuentran más aisladas. La «buena noticia» es que la monoparentalidad favorece la paridad entre los padres solos en el mercado laboral: mientras que las diferencias laborales (salarios, tasa de actividad...) son muy marcadas entre hombres y mujeres que viven en pareja, disminuyen en el caso de los progenitores solos. Es uno de los aspectos positivos más sorprendentes de la monoparentalidad.

⇨ **Los sistemas de ayuda**

Para hacer frente a los gastos cotidianos existen ayudas públicas. Son fundamentales: un estudio reciente calculaba que sin estas prestaciones, no sería el 17 % de las familias monoparentales las que vivirían por debajo del umbral de pobreza, sino el doble...

Al no existir una política común en la Unión Europea, existen grandes diferencias entre los distintos países respecto a las ayudas que conceden los Estados a familias «especiales» en situaciones de riesgo, y España no se puede decir que vaya a la cabeza en este tipo de ayudas. Francia, en cambio, tiene un sistema muy desarrollado de prestaciones sociales. Por ejemplo la API, subsidio por familia monoparental. Creada en 1976, ha tenido un éxito innegable: de los 50.000 beneficiarios del API en 1979, se ha pasado a 170.000 actualmente (fuente: Caja de Subsidios Familiares, CAF).

Volviendo a España, las competencias en esta materia están transferidas a las comunidades autónomas y la Administración central tan sólo se dedica a trazar unas directrices, como el plan integral de apoyo a la familia que se realizó en 2001. No se trata de un plan específico para los hogares monoparentales, sino que estos se integran en un apartado (apoyo a familias en situaciones especiales). Este plan confiere a las comunidades y ayuntamientos a desarrollar programas de apoyo a familias monoparentales en situación de dificultad social. Nos encontramos pues, en España, con serias diferencias de actuación social entre territorios, ya que también los proyectos europeos en este sentido (por ejemplo el proyecto Integra) son gestionados por las comunidades autónomas.

Los programas de ayuda que desarrollan las comunidades tienen como finalidad prestar apoyo en el cumplimiento de las funciones parentales. En muchas ocasiones, incluso, las comunidades autónomas transfieren una parte o la totalidad de las competencias a los ayuntamientos, por considerar que la cercanía que mantienen estos con los ciudadanos resulta indispensable para llevar a cabo todos estos programas asistenciales.

Es importante que se informe en su ayuntamiento sobre los programas que se están llevando a cabo y el tipo de asistencia a la que puede acceder. Sería inútil intentar enumerar todos los programas existentes, pero como guardan todos ciertas semejanzas, citaremos los más importantes:

• El Plan Regional de Acción Social (PRAS) de la Junta de Castilla La Mancha, en el que existe un programa de atención a las familias del que emanan todo el resto de programas gestionados por los ayuntamientos, como «Educar en solitario» (Cuenca), «Colaboración en la crianza» (Albacete)...

• En Cataluña, las familias monoparentales se benefician de las mismas ayudas que las familias numerosas, con la única diferencia de la edad de los hijos (entre 0 y 3 años para las numerosas y entre 0 y 6 años para las monoparentales). Este tipo de ayudas sí que se traducen en prestaciones económicas. En el caso de que la monoparentalidad sea sostenida por una mujer, se puede acceder al IFAM, que proporciona servicios como atención social, psicológica y terapéutica, renta mínima de inserción, etc.

• En La Rioja existe un Plan de Ayudas a la Vivienda para colectivos sociales necesitados, en el que se incluye a las familias monoparentales.

• En el Ayuntamiento de Murcia hay un programa especial para madres solteras en el que se ofrecen multitud de servicios y planes de integración.

• También en Galicia se ofrecen subvenciones para conciliar la vida laboral y familiar, con atención especial a las familias monoparentales.

⇨ **Comparta sus conocimientos**

Con un pequeño presupuesto, hay que encontrar soluciones para vivir bien sin arruinarse, usar y abusar los intercambios de servicios. Analice sus conocimientos. ¿Sabe cortar el pelo? ¿Cambiar una rueda? ¿Nadar crol? ¿Escribir a las administraciones? ¿Depilar a la cera? ¿Cortar el césped? ¿Colocar un cristal? ¿Hacer un dobladillo? Si ha respondido «sí» a alguna de estas preguntas, sus conocimientos pueden sacar a alguien de un apuro.

En Francia, por ejemplo, existen sistemas de intercambio de conocimientos —los denominados SEL (sistemas de intercambios locales)—, que superan ampliamente los límites del barrio. Cada uno da a conocer sus competencias y se puede beneficiar, sin desembolsar un céntimo, de las de los demás. Este tipo de intercambios presenta otra ventaja: crea un vínculo social y permite tomar el aire a la familia, que quizá vive muy aislada. Puede que conozcamos por azar a otro progenitor solo, con un hijo único...

⇨ **Utilice el sistema de boca a oreja**

Póngase en contacto con las asociaciones de familias monoparentales (véase al final del libro el apartado «Contactos útiles»), siempre dispuestas a echar una mano al progenitor solo que pueda necesitarlo. Tampoco hay que perder de vista los circuitos de reventa, como las tiendas de Humana, los almacenes de muebles de segunda mano, las ventas de saldos y los rastros y mercadillos (puede consultar en su ayuntamiento la localización y días en los que se celebran). Son buenas ocasiones para procurarse muebles o detalles bonitos sin arruinarse.

Ahora sólo queda divertirse a bajo precio... Los ayuntamientos proponen a menudo espectáculos completamente gratuitos o muy baratos. En su ciudad probablemente se organizan talleres gratuitos (circo, danza, fotografía) y ludotecas para los niños de 6 a 12 años. También se ofertan gran cantidad de cursos gratuitos para estimular a los niños o de iniciación. Hay que informarse bien en el ayuntamiento o en la oficina de turismo para encontrar actividades a precios asequibles o gratuitos: museos (el primer día determinado de cada mes), bicicleta, restauración de muebles, paseos por el campo o el parque, etc. Ideales para oxigenarse y ver mundo sin rascarse el bolsillo.

Lo esencial

Obligado a ser a la vez el policía y el proveedor de ternura, el progenitor solo aprende poco a poco a pedir cooperación (amigos, vecinos, familia) para aportar al niño otra figura parental.

Un solo salario en casa supone extremar el control del presupuesto familiar. A veces, la monoparentalidad es sinónimo de pobreza, pero no es necesariamente la norma.

Existen diferentes programas sociales reservados a los padres solos. Póngase en contacto con su ayuntamiento para averiguar a cuáles tiene derecho.

No se necesita contar con un gran presupuesto para nuestro ocio y el del niño.

Capítulo 5

El niño

¿Queda el niño afectado cuando se educa sin padre o sin madre en casa? ¿Con qué comportamientos indica el niño la ausencia de un progenitor? ¿Le irá bien en la escuela? Y más adelante, ¿cómo será de adulto?

▨ El desarrollo del niño

⇨ El nacimiento del cariño

Durante siglos se pensó que el bebé se vinculaba a su madre un poco como un animal a su dueño: por la alimentación. Tras la Segunda Guerra Mundial, diversos trabajos científicos se replantearon esta idea. Así, John Bowlby observó que los bebés eran muy sensibles al contacto con la madre, incluso fuera de las horas de mamar. El bebé no sólo llora porque tenga hambre, sino también para tener un contacto físico con el adulto que se ocupa de él habitualmente. Para mantener dicho contacto, desarrolla una serie de comportamientos: sonrisas, miradas... Estas expresiones producen una reacción de interés (¡y de ternura!) por parte del entorno familiar. Es así como el bebé se vincula a las personas que se ocupan más de él (sus padres, pero no sólo ellos). Por otra parte, también se observó que un niño alimentado habitualmente no se desarrollaba bien si no tenía contacto con un ser humano, siempre el mismo, que estableciera con él un vínculo privilegiado. Por tanto, se demostró científicamente que el bebé necesita tanto los mimos como la leche para crecer, y que se vincula al adulto (o a los adultos) más presentes cerca de él.

⇨ El trío básico, un quebradero de cabeza para el progenitor solo...

Puesto que el bebé se desarrolla por los contactos, la inmersión en el lenguaje o los juegos, el padre es un objeto de apego tan válido como su compañera. En el día a día, no necesita hacer de «segunda madre». Le basta con comportarse a su manera para dar el biberón o acunar al bebé. Este percibe rápidamente la diferencia entre sus padres. Este padre implicado y diferente de su compañera va a desempeñar un papel esencial: impedir la fusión madre/hijo. Estos dos han pasado nueve meses vinculados el uno a la otra. Siguen viviendo una relación muy intensa (lactancia, mimos, etc.), pero llega el momento en el que hay que pasar a otro modo de relación. No, el niño ya no es la prolongación de su madre y el uno y la otra deben digerir esta —dura— realidad. El papel del padre es ser este «tercero separador», como dicen los especialistas.

Pero ¿qué hacer cuando sólo hay un progenitor? Supone una dificultad, y esta cuestión preocupa al progenitor solo, que se pregunta si hace demasiado o no hace lo suficiente por su pequeño. Los trabajos científicos han demostrado que el bebé puede desarrollar varias figuras de apego principales. La mayoría de las veces, se trata de su madre y de su padre. Si uno de los dos está ausente, nada impide al niño desarrollar el apego con un adulto muy presente. Lo importante, para evitar la fusión progenitor/bebé, es dejar a otro desempeñar este papel de tercero. Demuestra al progenitor que no lo es todo para su bebé (puesto que otro adulto puede ocuparse de él). Y para el bebé significa que tiene derecho a relacionarse con otros que no son su progenitor. Un amigo muy cercano, algunos de sus allegados, su nueva pareja amorosa: cada progenitor seleccionará a la persona que mejor pueda establecer este fuerte vínculo con el niño.

⇨ ¿Cómo nos hacemos niña o niño?

Resumiendo, para un niño que viva con su padre y su madre se podría decir que el desarrollo de la identidad sexual se realiza en dos fases. Hacia los 3 años, toma conciencia de que pertenece a uno u otro sexo. A menudo es en las primeras clases de preescolar, cuando se pide a los pequeños que formen dos grupos, las niñas en un lado y los niños en el otro. Salvo algunos pocos errores, todos lo hacen bien. La edad de los 3 años es también el comienzo del complejo de Edipo, según el cual el niño vive una gran historia de amor, desgraciadamente un poco infeliz, con el progenitor del sexo opuesto. El niño expresa su amor por su madre y la niña por su padre, e imagina algunas soluciones radicales para librarse del progenitor molesto: armario, garaje, incluso la eliminación pura y simple. Pero este idilio imaginario no está hecho para durar. En general, los padres se unen para recordárselo al niño... El niño se desengaña, pero, al mismo tiempo, descubre que el progenitor que consideraba indeseable también tiene su encanto. Este deseo «de ser como» papá para un niño, mamá para una niña, induce al niño a identificarse con el progenitor del mismo sexo y crea el deseo de ser como los de su propio género.

⇨ **De la teoría a la práctica**

La práctica es más complicada con un solo progenitor en casa. Idealmente, los personajes externos compensan la ausencia de una de las dos figuras parentales al asumir simbólicamente el papel del progenitor ausente. En preescolar, por ejemplo, los pequeños mantienen con los maestros relaciones muy fuertes. Respaldados por estas figuras parentales positivas (y preferentemente del sexo opuesto al de su progenitor), se desarrollan haciendo «como» el maestro o la maestra.

El problema se complica cuando el progenitor ocupa este lugar de pareja edípica sin que nadie lo ayude a salir de esta relación. La situación todavía es más compleja cuando el hogar se compone de una «pareja» madre/hijo o padre/hija. Cuando el niño tenga que identificarse con otros referentes, sustitutos del ausente, ¿cómo reaccionará este progenitor tan apegado? ¿Aceptará la distancia que el hijo o la hija desea tomar? Cuando este alejamiento se hace mal o tarde, no es raro que el niño o la niña exagere. Como si tuviera que reivindicar a gritos esta identidad que tanto cuesta desarrollar. ¿Y para los dúos progenitor/hijo del mismo sexo? Esta construcción en espejo, con «lo mismo» (la madre para una hija; el padre para un hijo), no debe hacer olvidar que el desarrollo se hace también con «el otro sexo». Será necesario, pues, buscarlo fuera del hogar.

⇨ ¿Cómo se ama con un solo progenitor?

¿Cómo identificarse con este progenitor del mismo sexo que no ha sido capaz de ser su padre (o su madre)? Y para el niño de sexo opuesto a su progenitor, ¿cómo no sentirse tan poco digno de ser amado puesto que su propia madre (para un niño) o padre (para una niña) le ha abandonado? Así, para solidificar su autoestima, el niño necesita una imagen paternal gratificante, sobre todo en la escuela primaria. Frente a sus amigos, deberá desarrollar su propia imagen del modelo paternal, para esgrimirlo en caso de dificultades («¡Mi padre es más fuerte que el tuyo!»). Cuanto más presente esté el padre, más positiva será su imagen y más cómodo se sentirá el hijo con su propio valor. Cuando el padre está poco o nada investido de su paternidad, o la imagen de este hombre no es brillante, el niño se siente amenazado en su propio valor. Lo ideal sería mantener un vínculo entre el niño y su padre, incluso si la relación no es perfecta. Como mínimo, hay que procurar no mancillar ante el niño la imagen de ese padre. Es en estas circunstancias cuando el progenitor solo agradece que le eche una mano otro «padre simbólico».

Para la niña, parece que todo se desarrolla menos en términos de autoestima que de amor. Para ella, la cualidad de su padre (que, en esencia, tanto da que sea un hombre de bien o un pobre tipo) cuenta menos que el amor que este padre le aporta. Dicho de otro modo, ella necesita sentirse amada por ese hombre. No importa si no es el mejor de los padres o si no proyecta una imagen gratificante...

Edad por edad, las dificultades

⇨ Para los más pequeños

• **La separación, un tema doloroso.** La separación será durante mucho tiempo un tema que duela. Es difícil saber si es el niño o el progenitor quien tiene más dificultad para dejar al otro. Si la ruptura o la defunción de la pareja coincide con la llegada del niño, el progenitor solo será muy vulnerable. Tanto da si se ausenta tres días o una hora, la separación a menudo se termina con emoción.

• **Barreras un poco «suaves».** Un progenitor solo a veces renuncia a subir el tono con su pequeño. No es plan que ese niño, al que ya le falta un progenitor, sufra además de una carencia de amor. El resultado es que, en poco tiempo, el niño se convierte en un pequeño tirano doméstico que fija la hora de acostarse y (lo que aún es más molesto...) la de despertarse. También decide el menú de la cena y la ropa que se pondrá. «Este niño es independiente», se dice con educación. Si a cada manifestación de autoridad parental el niño percibe una dosis equivalente de culpabilidad en su progenitor, comprende que puede tomar el poder. Pese a que la desea, esta toma de poder es fuente de angustia para él y lo manifiesta a su manera: con agresividad. Puede volverse contra su progenitor o sus amigos, incluso contra sí mismo si reprime este sentimiento. En cambio, cuando pone a prueba a su progenitor y lo nota severo e inflexible, no insiste. Un niño sin límites toma el espacio vacío. Si no, recupera su lugar... y abandona su corona de niño rey.

⇨ **Para los niños de 6 a 10 años**

• **El niño compañero.** La vida se organiza como si se estableciera una nueva pareja. La diferencia entre generaciones se esfuma y el niño gana el lugar del compañero. La realidad se hace eco de su voluntad de ser mayor incrementada por sus deseos edípicos, tanto más nítidos cuanto que el niño está solo y es de sexo opuesto al de su progenitor. Con un progenitor que se opone poco o nada a este funcionamiento, el niño no aprende a integrar las prohibiciones. El riesgo es criar a unos niños en búsqueda constante de límites y de satisfacción. A este tipo de niños les cuesta mucho asumir las reglas de la vida en grupo y se ponen gustosamente «fuera de juego», incluso en la escuela. Para renunciar a sus proyectos edípicos, el niño necesita la imagen de una pareja...

• **El niño padre/madre.** Tanto si el progenitor lo pide como si el niño lo ofrece por sí mismo, el niño acaba apoyando al padre o a la madre que nota que es frágil. Por tanto, sostiene ese narcisismo contumaz, se toma en serio la tarea y se convierte así en el «progenitor de su progenitor». A la larga, este traje le vendrá con seguridad demasiado grande. Apoyar a su progenitor es una tarea tan ardua que aplasta al niño. Poco a poco, le cuesta afirmar su personalidad y se siente responsable de todo: «No he puesto la mesa...»; «Mi padre es desgraciado... », etc. Una personalidad que se refrena tanto se expresa como puede, es decir, a trompicones. Con brusquedad o agresividad, en ambos casos proporcionales al peso que carga sobre sus hombros, demasiado pequeños para asumir este modo de vivir.

• **Un sentimiento de culpabilidad molesto.** Muy metido en su papel de pareja, el niño se siente culpable: de ser feliz sin madre o sin padre, especialmente si ese progenitor está deprimido («Yo me divierto con mis amigos mientras que él está triste»); de ser desgraciado; de encontrar este aislamiento asfixiante (sobre todo si es hijo único, como en uno de cada dos casos). Además, le falta el padre o la madre. Se siente desgraciado al ver que su progenitor se siente desdichado. Le gustaría mucho ser como sus amigos, pero no se atreve a contárselo.

El progenitor solo debe entender este deseo de normalidad. Ello no significa que el niño rechace su modo de vida. Simplemente, quisiera sentirse en igualdad con sus semejantes, en la ropa o en el ocio, en la manera de hablar o en la composición de la familia.

El niño no tiene que vivir necesariamente con dificultad la depresión del progenitor. Es un poco como si el adulto reconociera: «Tú no me lo puedes dar todo». Hay que recordar también que el lugar del niño no es ser el único proveedor de felicidad de su progenitor. Así, el niño se autorizará a encontrar otras fuentes de felicidad distintas a este.

• **«No me gustan los cambios»**. Una autoestima un poco frágil genera un niño que no tiene una gran seguridad interior. Mientras que sus amigos viven la vida normalmente, el niño que crece sin el padre o la madre se desestabilizará más rápidamente por un acontecimiento exterior: mudanza, cambio de trabajo de su progenitor, peleas con los amigos... Estas pequeñas rupturas de la vida cotidiana se hacen eco de la primera fantasía de abandono (la del progenitor poco o nada presente) que el niño guarda en un rincón de su memoria. Estos niños educados por un solo progenitor a menudo sufren del «síndrome de la garza»: al menor sobresalto, se tambalean...

⇨ **En la adolescencia**

• **Eternamente en deuda con su progenitor.** Con un progenitor que sólo vive a través de su hijo, este último se siente «deudor». Este sacrificio del adulto, el niño lo percibe y no sabe qué hacer. Es como una deuda que no puede resarcirse, un regalo que no puede corresponderse. A veces, tendrá alguna dificultad para separarse de él. Se desvivirá por aligerarle la vida cotidiana; volverá rápidamente cuando salga con los amigos; rechazará los fines de semana con amigos con los pretextos más falaces. Ahora bien, a esta edad tendría que desear precisamente lo contrario. Es posible que la reacción del adolescente, atormentado por estos sentimientos contradictorios, sea... explosiva.

• **Un despegue difícil.** Durante la adolescencia es necesario poner distancias con el progenitor. Pero es difícil alejarse cuando se tiene la impresión de dejar tras de sí a un padre o madre deprimido. Convencido de que es indispensable para la supervivencia de este, el adolescente se siente atrapado. No puede separarse de este progenitor sin sentirse parricida. Cortarse así las alas tiene consecuencias para él:

estará resentido consigo mismo o con su progenitor. Expresará sus deseos de libertad rechazados mediante el aislamiento (es decir, una depresión) o a través de un conflicto abierto con el progenitor.

• **«¡Quiero vivir con mi otro progenitor!».** En el caso en que el otro progenitor exista, el adolescente puede manifestar su deseo de irse a vivir con él.

Cuanto más mayor es el niño, con más frecuencia elige vivir con su padre (es él el que comparte menos la vida cotidiana del niño). Así, el 9 % de los niños de menos de 3 años viven solos con su padre, pero el 13 % de las niñas de 12 a 17 años y el 16 % de los niños de la misma edad están en ese mismo caso.

Este cambio de residencia es a menudo útil para el adolescente, sobre todo si vive con su madre (y, con mayor razón, si es un niño y vive solo con ella, y la situación edípica llega a resultar pesada). Al alejarse para tomar perspectiva, recupera una distancia justa. En el día a día, tendrá a mano su modelo identificativo: con su padre, podrá hablar de sexualidad, proyectos profesionales, etc. Por otra parte, cuando el progenitor ha vuelto a emparejarse o si el adolescente vive relaciones privilegiadas con otros adultos, estos fuertes vínculos con otras figuras parentales alimentan su personalidad. Sumergirse en otras culturas familiares agranda el espíritu.

Preguntas para el futuro

⇨ En la escuela, el efecto «Pigmalión»

Si se considera a los niños de padres solos desde apriorismos («No vale para las mates. Es normal, sólo tiene un progenitor»), el riesgo es originar un efecto «Pigmalión». En los años setenta del pasado siglo, un pedagogo demostró que existía una relación entre el éxito de los alumnos y el comportamiento de los profesores hacia ellos. Se eligió al azar el 20 % de los alumnos y se les señaló como muy buenos ante la profesora. Ocho meses más tarde se constató que el coeficiente intelectual (CI) de estos alumnos supuestamente brillantes estaba en alza significativa con relación al resto de la clase. Afortunadamente, la experiencia no se ha realizado en el otro sentido (designar alumnos como ineptos y observar los efectos), pero todos los profesores saben que su comportamiento con el alumno favorece o frena su progresión.

Para un niño que se educa con un solo progenitor, la monoparentalidad acaba por ser su marca de fábrica. Pero puede que no le gusten las mates o que sea disléxico sin que haya que evocar su situación familiar. Sería sorprendente que él o ella se reservara el derecho de esgrimir su modo de vida cuando le conviniera («No he hecho los deberes porque mi padre no vive en casa»).

⇨ **¿Será homosexual?**

Los niños educados por un progenitor solo necesitan dos modelos identificativos, como los demás niños. Cuando uno de los padres está poco o nada presente, no dejará por ello un hueco en la construcción de identidad de su hijo. Esto supondría olvidar hasta qué punto el mundo va a empapar al niño con códigos sociales sexuados. La escuela, las otras familias, la televisión, los libros: todo se encarga de desarrollar lo masculino y lo femenino. A condición de que el progenitor presente no denigre el sexo que no es el suyo...

La mejor prueba de que esta construcción de la identidad no pasa sólo por los padres es un estudio americano que demuestra que los padres homosexuales no crean más futuros homosexuales que los padres heterosexuales.

⇨ **¿Será un delincuente?**

Según varios estudios llevados a cabo en nuestro país los niños de familias separadas y monoparentales no cometen delitos más graves que los demás, cuando lo cierto es que no existe relación alguna entre una y otra realidad salvo si media la exclusión social. ¿Serán mayores consumidores de drogas? Está demostrado mediante numerosos estudios que son unas relaciones positivas, cariñosas y comprometidas, así como una adecuada interacción familiar traducida en una disciplina eficaz y una fluida comunicación entre padres e hijos los factores que, realmente, desalientan a los hijos a la hora de iniciarse en el consumo de drogas, con plena independencia del tipo de familia (monoparental o tradicional) ante la que nos hallemos. Centrarse en el aislamiento familiar para explicar el comportamiento del niño puede hacernos ignorar el papel que desempeña el entorno familiar. Sí, desde la preadolescencia, la familia ya no es la única (ni la principal...) instancia de socialización.

Por último, es más fácil para un progenitor ejercer su función de «policía» cuando él mismo no está en una situación de semifracaso profesional o personal. Como ya se ha comentado, a veces este es el caso de padres y madres solos. En lugar de estigmatizarlos y de comentar sus supuestas carencias educativas, más bien es el momento de apoyarlos...

⇨ **¿Sabrá vivir en pareja?**

Vivir en pareja parece un conocimiento innato, pero de hecho se aprende. A veces, el adulto que ha crecido con un solo progenitor no tiene el manual de instrucciones de la pareja: quién hace qué, qué concesiones hay que hacer. En algunas historias de monoparentalidad duradera, el modelo «biparental» no existe desde varias generaciones. En ese caso, el adulto no sabe cómo funciona una pareja en lo cotidiano y, además, idealiza la imagen del progenitor ausente. Por ejemplo, una mujer que ha crecido sin padre esperará de su futuro compañero que corresponda a la imagen ideal del padre perdido, que sea un compañero atento y un amante asombroso. Con tales expectativas, a ella va a costarle encontrar la horma de su zapato. Por otra parte, prefiere vivir sola que renunciar a uno de esos tres ideales. La historia familiar tiene probabilidades de repetirse: si ella se queda embarazada de un hombre de paso, esta mujer que ha sufrido el crecer sin padre no encontrará un hombre que esté a la altura. Incapaz de liberarse de esta imagen ideal del padre que hace de «pantalla» para los demás hombres, acabará educando sola a su bebé.

Pero ¿cómo eligen todos los demás a su pareja? ¿Se contentan con lo primero que encuentran? ¡No, afortunadamente! Dicho esto, los adultos que hayan crecido con el padre y la madre no habrán idealizado tanto una u otra imagen parental. Rodeados de unos padres con cualidades (pero también con defectos), saben que la vida cotidiana exige pactos. Y que no es necesario tener una pareja perfecta para tener éxito en la vida en común.

«¿Estaremos condenados a fracasar en nuestra vida en pareja?», se preguntan angustiados los adultos educados por un solo progenitor. En absoluto. Al tomar conciencia de su historia familiar, el adulto cambia la manera en que esta actúa en él. Por ejemplo, si se decide (pese a todo...) a vivir en pareja, tendrá que enfrentarse a la historia familiar de su compañero o compañera. Una buena manera de relativizar la importancia de la suya. Más tarde, al convertirse en padre (y un padre diferente a cada nacimiento) o al ver cómo viven sus amigos en pareja, experimentará qué es para él un padre o una madre. Es una conclusión optimista: enfrentarse a la vida es el mejor remedio para desarrollar la vida en pareja...

Lo esencial

El niño se vincula afectivamente a los adultos más presentes en su entorno. Si no hay más que un progenitor presente, el otro adulto tendrá el papel de tercero separador entre el progenitor y el niño.

Nos hacemos niña o niño gracias a los modelos parentales masculinos y femeninos; pero también gracias al «baño social», que aporta al niño puntos de referencia sexuados.

Separación dolorosa (en la infancia o en la adolescencia), relación delicada con la autoridad, culpabilidad o débil autoestima son a veces los compañeros de camino del niño que se educa con un solo progenitor. Sin embargo, no siempre es así.

El niño que se educa con un solo progenitor no se transforma en homosexual, en delincuente o en adulto incapaz de vivir en pareja...

Capítulo 6

El lugar del ausente

Tanto si está ausente al cien por cien o sólo de vez en cuando, el progenitor con el cual el niño no vive ocupa un lugar importante en su vida. ¿Cómo dar respuesta a sus preguntas? ¿Cómo explicarle que lleva el apellido del ausente? ¿Hay que desvelar el secreto de sus orígenes? ¿Y qué existencia debe dársele a este segundo progenitor?

Cuando hay un solo progenitor

⇨ En búsqueda del ausente

Las preguntas se acumulan más rápido de lo que pensábamos. «¿Y por qué yo no tengo papá?», «¿Dónde se ha ido mamá?». Para desarrollarse, el niño necesita buscar sus orígenes. Lo hace a su manera, con la ayuda de preguntas básicas o torpes. Es una búsqueda normal e inevitable. En la guardería o en la

101

escuela, se enfrenta rápidamente a su diferencia: no hay dos, un padre y una madre, que le acompañen al cole o le vengan a buscar. Tampoco es el único que se ha dado cuenta, porque sus amiguitos le hacen la misma pregunta. El interrogatorio amenaza con ser duro...

⇨ «Realza» la figura del ausente

El niño siempre está tentado por la fantasía sobre este padre que ha desaparecido demasiado pronto (o que se ha excluido); sobre esa madre que ve de vez en cuando. Es normal y es necesario. No hay necesidad de sentirse celoso: el progenitor presente no compite con el ausente... Es la manera que el niño ha descubierto de hacer existir a este último. Algunos se inventan un padre agente secreto o bombero, una madre aventurera... En el fondo, sus amigos de guardería o de escuela no piden tanto. No obstante este personaje permite al niño vincularse a alguien... Totalmente inventado, en efecto, pero como mínimo, representado.

⇨ Representar al ausente

Si el otro progenitor falta, el progenitor presente puede hacer que exista para crear el «tercero separador», como si existiera un padre o una madre simbólicos. Para eso, puede hacer referencia a su existencia: «No creo que a tu padre (tu madre) le gustara que hicieras eso»; o: «Seguro que hoy (él o ella) estaría muy orgulloso de ti». Es una necesidad para los niños que han perdido a uno de sus padres y que necesitan que ese ausente siga existiendo simbólicamente en la familia. No es útil exagerar, sino simplemente indicar que el ausente ha estado presente... antes.

También se pueden hacer existir los parientes del progenitor desaparecido o que ha perdido el contacto con su familia: naturalmente, lo ideal es conservar los vínculos con la familia política. Así, el niño podrá ver a sus primos, crear relaciones privilegiadas con sus tíos y tías o con sus abuelos. Una manera indirecta, pero esencial, de hacer existir el doble linaje.

⇨ Un parecido sorprendente

La genética tiene sentido del humor (¡a no ser que sea la lealtad inconsciente!) y el niño y el segundo progenitor se parecen como dos gotas de agua: la misma manera de peinarse, la misma sonrisa, la misma mirada. Es turbador. Este parecido nos recuerda, por si lo habíamos olvidado, que es el hijo o la hija del otro. No es extraño que este parecido provoque sentimientos ambivalentes. Es difícil sustraerse, pero es verdad, habríamos preferido que el hijo o la hija no fuese el vivo retrato de su padre; que él o ella no tuviese el mismo carácter volcánico de su madre... Incluso si estos parecidos reavivan viejos dolores, hay que hacer todo lo posible para dejar que exista esa parte del niño. ¡Él no es responsable de esa herencia! Si nota que esos parecidos despiertan aflicción, acabará por detestar esa parte de sí mismo...

⇨ La novela familiar, una necesidad

Es difícil crecer a partir de un solo grupo familiar: cuando este se tambalea, se pierde más estabilidad que si se vive sustentado sobre dos pilares.

Los niños necesitan saber que han venido al mundo por amor. Que las relaciones se hayan deteriorado entre los adultos es otra cosa, pero habrá que repetirle al niño que él está ahí porque sus padres se han amado en un momento dado de sus vidas. Cada familia debe encontrar las palabras más justas y afianzar al niño en esa realidad. A veces basta describir físicamente al ausente, hablar de sus gestos, de su modo de andar, de un tic, de su manera de hablar o vestirse, para que el niño crezca con pruebas tangibles de la existencia de este progenitor que no conoce.

⇨ **Pequeñas mentiras inofensivas.**

Algunos psiquiatras infantiles creen que es mejor tejer una realidad «presentable» para el niño y evitarle tener que oír que es fruto de una violación, que ha llegado por sorpresa, que ser tres era muy complicado. Françoise Dolto recuerda que todos los niños tienen derecho a su verdad, sea cual sea. ¿Es preferible que el niño se enfrente a esta realidad (incluso violenta) para desarrollarse mejor a continuación? Esto le permitiría estructurarse con ese progenitor ausente, sin detestarle pero habiendo aprendido a vivir con esa imagen parental, sin perjuicio de compensar esa falta con otras figuras parentales positivas.

⇨ **Cuando existe un secreto de familia...**

¿Qué actitud hay que adoptar? ¿Hay que callar? La idea de pasar página a primera vista parece una decisión de sentido común. Y, no obstante, esta actitud se enfrenta a una fuerza misteriosa: la necesidad de saber. ¿Por qué todas las mujeres de esta familia se divorcian en el ocaso de sus vidas? ¿Por qué sólo hay hijos únicos? ¿Por qué los hombres huyen al primer nacimiento? Todo sucede como si existiese una transmisión inconsciente de estos secretos de familia, que se repiten de una generación a otra.

Un solo padre en casa

Esta búsqueda del pasado toma un cariz especial cuando este pasado es inaccesible. Nos atenaza lo que ignoramos, ese secreto que debe callarse doblemente. Primero, se debe ocultar para no mancillar la memoria de sus padres o abuelos. A continuación, el secreto se mantiene porque es complicado hablar de algo que no se ha vivido y cuyo recuerdo no se ha transmitido con palabras sino con emociones.

Cuando finalmente se abren las espitas, la palabra liberada puede aliviar a la familia o hacerla explotar si su unión se basaba en este silencio. A veces, el secreto no se revela. Pero al enfrentarse a otra historia (la del otro progenitor), al convertirse uno mismo en progenitor o al ver cómo viven otros parientes cercanos que han sido padres, se entiende cómo esas historias de familia actúan sobre nosotros. De acuerdo, la historia familiar no puede cambiarse. Con la ayuda de un terapeuta puede modificarse la manera en que actúa sobre nosotros para poder ser actores de nuestra vida y no simples espectadores.

⇨ **El apellido del niño**

• **«Tengo un padre, pero no papá...».** ¿Qué se ve a veces en la placa del buzón de padres y madres solos? Dos apellidos. El de la madre (la que con más frecuencia vive con el hijo) y el del hombre que ha reconocido al niño pero que nunca más ha dado señales de vida. Es una situación paradójica: el apellido que lleva el niño recuerda el vínculo de filiación (jurídico) que le une a su padre de nacimiento, incluso si no existe ningún otro vínculo con ese hombre. En este caso, el niño podría muy bien decir: «Tengo un padre y llevo su apellido, pero no tengo papá». Incluso si eso es doloroso, hay que aprovechar para explicar al niño que lleva el apellido de un desconocido y que su madre cuida de él sola. Se puede estar relacionado por un vínculo jurídico con alguien con quien no se tiene relación.

Es importante conservar simbólicamente el lugar del padre, incluso si ya no está presente en la vida del niño. Que el niño llevara los apellidos de su madre sería una manera de borrar la pista de ese padre y, por tanto, de suprimir uno de los dos linajes del niño. Eso equivaldría también a «añadir» un niño a la familia de la que procede la madre. Un ofrecimiento difícil de aceptar: la madre «ofrece» un niño a su propio clan. El niño se encuentra en el mismo rango que su madre, la cual pierde su estatus de adulto, para volverse niña de sus padres... ¡Como para no entender nada!

Un solo padre en casa

• **¿Cambiar el apellido del niño?** Cuando se lleva años sola educando al hijo que lleva el apellido del hombre que le reconoció a su nacimiento, ese recuerdo permanente del ausente se puede vivir con rabia. Algunas madres, que han asumido al cien por cien la cotidianidad, lo viven como una desaprobación de su compromiso. Este apellido del niño diferente del suyo lo interpretan como un «título de propiedad» del padre ausente sobre el niño. Esta situación es tan dolorosa que estarían dispuestas a iniciar acciones judiciales para cambiar el apellido de su hijo. Pero sublevarse así sería confundir lo que constituye la naturaleza de la relación (el vínculo jurídico) y el contenido de esa relación (inexistente cuando al padre se lo ha tragado la tierra).

Además, la acusación de abandono paternal, por sí sola, no bastará para dar razón a la madre. A menos que haya una historia criminal grave (pedofilia, asesinato), el procedimiento presentado quedará en papel mojado. Por otra parte, ¿sería de verdad positivo borrar la existencia del progenitor ausente? Queda la posibilidad de anteponer su propio apellido al del niño. Dicha posibilidad tiene como mínimo el mérito de recordar que el niño pertenece a dos grupos familiares desde hace años. Es necesario aportar un marco jurídico claro a esta cuestión. Continuará...

• **¿Quién reconoce al niño?** En otros casos, a la inversa, el padre biológico no desea reconocer al bebé que acaba de nacer: en efecto, cerca del 11 % de los niños españoles no han sido reconocidos por su padre durante su primer año de vida. ¿Cómo obligarle a reconocer a este niño y a darle su apellido? Para ello, debe establecerse la filiación. Ahora bien, meterse en una acción judicial es un trámite arriesgado, con efectos a menudo contrarios a lo que se espera. Un hombre arrastrado por su compañera ante el tribunal entrará con mal pie en la paternidad. Además, hará que las relaciones entre los ex cónyuges sean tensas, lo cual no augura nada bueno para los niños. Lo ideal sería dejar a su ex compañero el tiempo necesario para que se vuelva padre. Algunos hombres no llegan inmediatamente a ocupar su sitio. Necesitan algunos meses, quizá más tiempo, para asumir su paternidad.

Cuando no se es un progenitor completamente solo

Cuando el otro progenitor no está presente en el día a día, pero parece que aún es posible que se comprometa en una relación entre él y sus hijos,

109

quizás habrá que contenerse para dejar que esta relación exista. Más vale poco que nada...

⇨ **Pareja de duración determinada, progenitor para toda la vida**

La mayor dificultad para los que educan casi solos a los hijos será separar lo conyugal de lo parental. Para una mujer, por ejemplo, significa que deberá dejar existir al padre, incluso si desea dar con la puerta en las narices a su ex compañero. Igual que la función del adulto que educa solo a los hijos no se limita a su estatus de progenitor solo, sería injusto relegar al otro a las mazmorras. Hay que tratarlo como al padre o la madre de sus hijos. Y él o ella tiene responsabilidades materiales y educativas que hay que recordarle.

⇨ **Padres con doble función**

Aceptar que existe una doble función para el otro progenitor, por ejemplo, ex compañera y madre de sus hijos, tendrá repercusiones sobre la propia vida. Uno mismo ¿en qué momento se arroga el derecho de existir como adulto y no sólo como progenitor... y progenitor solo, además? Dejar su lugar al otro progenitor permite retomar la distancia con los hijos. Y encontrar el camino de la vida personal, profesional, social, que en otro tiempo nos estimulaba.

Concretamente, eso significa que se acepta no serlo todo para el hijo, que se le reconoce el derecho de ser feliz incluso cuando no se está con él. Eso nos viene de perilla, es así como se le ayuda a crecer... y evitará conflictos durante algunos años, cuando el adolescente le recordará a su progenitor, sin ternura, que ya no es el centro de su existencia.

⇨ **Reconocer al hijo, un gesto importante**

Actualmente el niño nacido de una unión libre o de hecho (el 21,4 % de los nacimientos en 2004, según el Instituto Nacional de Estadística) lleva el apellido de su padre si este lo reconoce —aunque no necesariamente en primer lugar y seguido del de la madre; el orden lo deciden los progenitores en el momento de la inscripción—. Sería conveniente que este reconocimiento no se limitara a una simple firma sobre un papel oficial. La Ley 39/1999, de 5 de noviembre, de Conciliación de la Vida Familiar y Laboral de las Personas Trabajadoras facilita a los hombres el acceso al cuidado de su hijo desde el momento de su nacimiento, al conceder a la mujer la opción de que sea el padre el que disfrute hasta un máximo de diez semanas de las dieciséis correspondientes al permiso por maternidad, permitiendo además que lo disfrute simultáneamente con la madre, y se amplía el permiso de maternidad en dos semanas más por cada hijo en el caso de parto múltiple.

Pero algunos creen que todavía es insuficiente. Simbólicamente, será necesario que este reconocimiento se acompañe de un ceremonial que marque esta etapa. Nadie debe olvidar que ser padre y madre es para toda la vida.

⇨ **No excluir al «otro»**

No es raro oír que las madres excluyen a los padres. ¿Es así? La razón es matemática: más del 85 % de las mujeres tienen la custodia de los hijos tras una ruptura. En conjunto, se puede pensar que algunas no hacen nada para facilitar la conservación del vínculo. Si los padres se ocupasen más de sus hijos, ¿actuarían de manera más ejemplar que las mujeres que descalifican a sus ex compañeros? Nadie lo sabe, los hombres que viven con su hijo aún son una minoría.

Al final, nadie sale ganando de esta exclusión: ni el progenitor que educa solo al niño ni el otro progenitor, atrapado en un círculo vicioso: ve poco a su hijo y, cuando lo ve, siente la hostilidad del progenitor que se encarga del día a día. Como la relación no es muy satisfactoria, intentará sin demasiado interés volver a ver al niño, que se mostrará cada vez más distante... Hasta el día en que el contacto se rompa. El gran perdedor es el niño. No puede crecer respaldado por esta imagen de un progenitor abominado y poco a poco excluido de su educación.

⇨ **Más vale poco que nada**

Lo importante no es que el niño tenga una buena relación con el progenitor ausente, sino que llegue a tener una relación que le ayude a estructurarse y eventualmente a protegerse de ese progenitor que no es tan atento como sería de desear.

Por ejemplo, cuando se aparta a un niño de su padre toxicómano por decisión de un juez, la reacción inmediata del niño será idealizar a ese ausente... Y de desilusionarse el día en que se encuentre frente a un adulto que quizá no estará a la altura de sus expectativas. La decepción será más violenta. Si se facilita el mantenimiento de un vínculo, incluso imperfecto y tenue, se evita que el niño sacralice o deteste a ese padre que necesita para crecer. Entonces podrá, como muchos niños, crecer rodeado de dos adultos cargados de defectos, pero provistos también de algunas cualidades. Si nos tomamos el tiempo de mirar...

Un solo padre en casa

⇨ **Cuando el segundo progenitor se aleja...**

«No, si yo ya quiero mantener el vínculo. Ahora faltaría que mi ex estuviera de acuerdo», indican algunos padres desengañados. Si hay padres que redoblan los esfuerzos para mantener el vínculo, hay otros que no se interesan lo más mínimo en alimentar el vínculo con sus hijos. Los estudios demuestran, en efecto, que, en nuestro país, tras una separación, aproximadamente el 30 % de los hijos no ven más a su padre. ¿Cómo explicar esta deserción? Si algunos padres desaparecen tras una separación y, por añadidura, tras comprometerse en una nueva historia de pareja o después de tener otros hijos, no es necesariamente por desinterés hacia los niños de la familia precedente. Muy a menudo tenían poco espacio en su primera familia y el conflicto en torno a la ruptura ha quedado envenenado hasta el punto de que a veces prefieren renunciar que continuar una guerra sin fin. Una ayuda exterior puede ser necesaria...

⇨ **El mediador familiar para conservar el vínculo**

Una separación no es nunca algo anodino. ¿Cómo encontrar la serenidad necesaria para definir las funciones paternas y maternas y la complementariedad indispensable en el futuro funcionamiento familiar? Es muy útil acudir a un tercero externo para que ayude a administrar lo incontrolable (las heridas, el rencor). Este tercero es el mediador familiar, que queda definido en las legislaciones de varios países de la Unión Europea, entre ellos España. Un profesional cualificado que ayudará al padre y a la madre a superar sus conflictos, a restablecer progresivamente una comunicación maltrecha para que puedan reubicarse y definir la educación de sus hijos.

⇨ **Es la guerra entre los padres**

A veces, uno se siente demasiado inseguro en la relación con el niño como para dejar al «otro» existir. Asimismo, uno puede sentirse demasiado frágil por vivir sin su hijo, al disfrutar de él sólo algún fin de semana. Con el recurso a una ayuda externa, se puede reflexionar sobre el estado de la relación de cada adulto con el niño: ¿cómo ha nacido ese deseo de tener un hijo?, ¿cómo se han establecido los vínculos con el niño?, ¿cómo se ha producido la separación?…

Sin esta reflexión, el niño percibe el debate interior del progenitor que lo educa. Rehén de la guerra entre su padre y su madre, se encuentra en pleno conflicto de lealtad. Espontáneamente, se pone del lado del progenitor que nota que es más débil y se prohíbe ser feliz con el otro progenitor. «Si soy feliz al ver a mi padre

(mi madre), hago daño a mi madre (mi padre)»,
piensa. Una vez que sienta que las visitas esporádicas
del otro progenitor, normalmente el padre, ya no
trastornan a su madre, podrá disfrutar de ellas. Eso
ayudará a cada adulto a encontrar o a reencontrar
una distancia suficientemente buena, como escribió
el célebre psiquiatra infantil Donald Winnicott.

Lo esencial

La búsqueda de los orígenes es vital para un niño. No
se sorprenda por las preguntas que hace: son inevitables.

Para desarrollarse, el niño necesita su doble grupo
familiar, paternal y maternal. En lo posible, déjele crear
vínculos con la familia del otro progenitor.

Es importante mantener el vínculo entre el niño y el
otro progenitor. Un progenitor imperfecto, pero de carne
y hueso, es siempre preferible a un ausente idealizado.

En caso de guerra entre los padres, la ayuda de un
mediador familiar será útil para redefinir las funciones
paternas y maternas y apaciguar el conflicto.

Capítulo 7

La vida del adulto

Para un progenitor solo, la tarea más complicada es encontrar tiempo para sí mismo. Reservar para sí momentos de la vida es esencial para no ser sólo un progenitor, sino existir en tanto que adulto. Incluso, en tanto que adulto enamorado, un día de estos...

Resérvese tiempo

⇨ La necesidad del recreo

La vida del progenitor solo se parece más al camino del guerrero que a un paseo tranquilo. En efecto, se necesita energía para asumir todas las «actividades» que requiere la función: taxista, distribuidor de mimos, enfermero, controlador de deberes, policía, vigilante nocturno, ayudante de peluquería, cocinero... y asalariado.

En esta vida a 200 kilómetros por hora, darse un descanso no es una opción sino casi una obligación para que la máquina no acabe sin carburante. Suspiramos y nos repetimos: «Hace tiempo que me he olvidado de vivir mi propia vida». Entonces ha llegado el momento de pasar a la acción. En esta empresa de reconstrucción de uno mismo, el primer objetivo es ser modesto. ¿Sueña con un fin de semana sin niños, en el que podría tomar un baño, leer dos horas sin interrupción? Olvídelo. O más bien, corte su sueño en trocitos. Primero, dos horas de libertad para pasear por la ciudad. En dos semanas, una amiga organiza un paseo en bicicleta para los niños: tres horas de tranquilidad garantizada. Sumando estos momentos de libertad recuperará la posesión de su vida y reencontrará el placer de estar con sus hijos.

⇨ **Programar la libertad**

A priori, estas dos palabras parecen contradictorias y, no obstante, hay que anticipar, organizar, planificar. ¿Le cuesta mucho hacer planes? El placer que ofrecen las escapadas bien valen los esfuerzos para organizar-las... También puede ser útil inscribirse en actividades planificadas, por ejemplo las que organizan las asocia-ciones de jóvenes y culturales. Suelen ser baratas y sa-be de antemano que cada jueves por la noche tiene una cita. Hermana, vecinos, amigos, canguro (si se ter-

118

cia), varíe las personas que contribuyen. Para reducir los gastos de canguro, piense en los «intercambios de niños». Su vecina se queda con sus hijos una noche y, al día siguiente, usted se queda los de ella.

⇨ **El placer de estar sin niños**

No se culpabilice por dejar a los niños: sus lágrimas (de cocodrilo) no duran eternamente... También descubrirá que son sensibles al placer que le causa reinvertir en su vida. Se mostrarán curiosos sobre lo que haya hecho. Apreciarán este «descentramiento»: su vida ya no gira sólo en torno a ellos y tanto mejor. Al no ser el único centro de interés de sus padres, ellos también respiran. A su vez, se dan permiso para pasarlo bien sin su progenitor, sin sentir que lo abandonan. Como por arte de magia, las separaciones en la guardería ya no son un problema o los días de escuela se ponen en marcha sin oposición.

⇨ **El terrorismo de la felicidad**

¡Alto al discurso tan repetido de que la plenitud personal es un deber casi obligatorio! También tenemos derecho a encontrar difícil nuestra vida. Igualmente, tenemos derecho a ser felices solos, sin deseos de reconstruir bajo presión una historia de amor.

Este terrorismo del mayor bienestar le atrapará más de una vez: cuántos colegas le soltarán indirectas durante un aperitivo improvisado, para intentar juntar dos corazones solitarios. Cuántas veces tenemos que responder a preguntas insistentes de nuestro entorno familiar para saber qué queremos. Todo el mundo es muy solícito, en efecto. Pero esta diligencia que viene a colmar su «desierto» afectivo acaba por irritar. No importa el tiempo que se tarde, cada uno debe encontrar (o no) el deseo de volver a vivir en pareja.

Las estadísticas de constitución de familias monoparentales subrayan estas disparidades. La mitad de estas familias está constituida desde hace más de cinco años. Pero, en los dos extremos, se encuentra una cuarta parte de ellas con menos de dos años de «antigüedad» y otra cuarta parte que es monoparental desde hace más de diez años...

Reconstruir el dúo...
cuando no hay otro progenitor presente

⇨ Un puzle familiar cada vez más frecuente

Actualmente, existen en España, según datos del Instituto Nacional de Estadística referidos al año

2001, más de 232.000 familias recompuestas. Pese a que sólo en el 3,6 % de las parejas con hijos, algún hijo no es común a ambos miembros, la tendencia previsible es al alza, de persistir el incremento de separaciones y divorcios que se viene observando en los últimos años.

Es importante señalar que el porcentaje de familias reconstituidas entre las parejas de hecho no formadas por dos solteros es diez veces mayor; en concreto, el porcentaje aumenta hasta alcanzar el 33,8 %. A todo lo anterior deben sumarse las, aproximadamente, 325.800 familias monoparentales que hay en nuestro país, las 221.572 parejas de hecho con hijos comunes y las 68.176 parejas de hecho con hijos no comunes. En consecuencia, son más de 850.000 los niños que no viven en eso que los demógrafos llaman una familia «tradicional». Es decir, un 10 % de los españoles menores de 19 años.

⇨ **Puesta en marcha suave**

Antes de lanzarse a una nueva unión, no conviene presentar todas las relaciones al hijo. Este no tiene que convertirse en «gran jurado del amor» y calificar las conquistas de una noche y las relaciones más duraderas. Por otra parte, cuantas más personas nuevas vea pasar ante él, menos tendencia tendrá a implicarse en la relación el día en que se le presente a su padrastro o madrastra. Esta vez sí, seguro: ¡es el hombre o la mujer de su segunda vida! Lo ideal sería mantener, como mínimo durante algún tiempo, los dos domicilios. Esto presenta una doble ventaja: tanto los niños como los mayores aprenden a cohabitar a pequeñas dosis antes de pasar a hacerlo a tiempo completo. Eso deja al progenitor tiempo disponible para estar al cien por cien con su hijo, que no podrá acusar a la pareja de su padre o madre de haberlo o haberla secuestrado.

⇨ Una bocanada de «como todo el mundo»

El niño encuentra invasor o enervante este nuevo amor en la vida de su progenitor. Al menos eso es lo que declara a gritos, aunque es más ambivalente de lo que parece. Naturalmente, ese nuevo adulto le roba su lugar de confidente habitual. Pero al niño también le gusta la normalidad, según la cual los adultos viven de dos en dos. El padrastro se percibe entonces como un «mal necesario»: los padres tienen que vivir su vida. Y, finalmente, es más tranquilizante saber que el progenitor no estará solo, al borde de las lágrimas, cuando él se vaya a dormir a casa de su mejor amigo.

Este padrastro presenta, pues, como mínimo una ventaja: el niño ya no se siente culpable de ser feliz en otra parte que no es su casa. En poco tiempo, quizá se alegrará de tener un adulto de más que se ocupe de él. Un adulto que también puede adoptar con felicidad a ese niño que no ha engendrado.

⇨ Zona de turbulencias, justo delante

Renunciar a las ventajas adquiridas no siempre se hace con una sonrisa. Un niño que vive desde hace años con su progenitor tiene un estatus de adulto miniatura que debe abandonar.

Hay que contar ocasionalmente con el llorar y crujir de dientes. Es probable que su familia recompuesta se tambalee un poco antes de hallar el buen camino. Quizá tengan que pasar por un periodo de conflictos: mal humor, insolencia, agresividad o mutismo, todos los medios son buenos para cargar el ambiente. Todo ello se acompaña, según la edad del niño, de trastornos del sueño o de la alimentación, para amenizarle las comidas... y las noches. Quizá se produzca un intervalo más apacible, pero poco más tranquilo. Esta vez, giro de 180 grados: el niño se lanza a una campaña de seducción. La erotización de la relación no debe excluirse. Por poco que el padrastro o la madrastra haga tentativas de compadreo, el juego ya está servido: el niño se encuentra en un estatus imposible del adulto que quisiera ser, pero que todavía no es.

⇨ **Un nuevo adulto que hay que respetar**

«No puedes decirme nada, ¡no eres mi madre (mi padre)!», espeta el niño ante la primera recriminación del nuevo adulto en la casa. Esto nos causa angustia ante la hostilidad apenas disimulada de nuestro hijo. Tiene derecho a no sentirse encantado inmediatamente, a no querer al nuevo amor de su progenitor, pero debe respetarle, como respeta a los demás adultos que lo rodean, sus maestros, su entrenador, sus amigos…

Hay que hacer como si la relación nos conviniera. Si nota que su progenitor está al acecho, el niño exagerará la provocación o la indiferencia. Si la presión afloja, quizá se digne a encontrar algunas cualidades al recién llegado. Toca un instrumento, hace cometas, cocina divinamente, patina, habla inglés, conoce China: vaya soltando algunas informaciones. Espere, y a ver si pican...

⇨ **¿Autoridad o laxismo?**

No es fácil encontrar todos los días un lugar entre los hijos de otro. Primero, hay que aceptar que la relación necesita algún tiempo, antes de pasar a otros registros: sería absurdo querer hacerse el amigo o el autoritario cuando todavía no hay ningún vínculo entre el padrastro y el niño.

Hay que saber dosificar: la autoridad, por ejemplo. Intervenir es correr el riesgo de oír contestaciones como: «¡Tú no tienes que decirme nada!». Ser permisivo no es mucho más cómodo: demasiada amistad no es un buen sistema para establecer relaciones sanas. Lo más simple es optar por los papeles secundarios, como mínimo al principio. Eso permite al padrastro tomar la «temperatura» de esa familia y comprender el manual de instrucciones de esos niños... Así, podrá identificar los temas que desencadenan los psicodramas. Cada familia tiene sus terrenos minados (modales, notas de la escuela, salidas, la paga, etc.). Mejor saberlo antes de meter la pata. Cuando los niños constaten que ese padrastro no busca ser corresponsable de su educación y que también sabe ser conciliador en caso de desacuerdo con su progenitor, entonces acabarán por aceptarlo.

⇨ ¡Me falta el aire!

Para los adolescentes, la nueva vida en pareja del progenitor es una auténtica ganga. Primero, el adolescente puede tomar un poco de distancia de su progenitor sin preocuparse de si se aburre, ni obligarse a volver de puntillas de sus noches de juerga. Tanto si es niña como si es niño, estas conversaciones a solas acaban por ser pesadas. El niño llevaba un traje de «hombre de la casa» que nunca deseó ponerse. Y la hija preferiría escuchar las confidencias de sus amigos antes que las de su madre. Este relativo alejamiento también permite distanciarse de la dimensión edípica, a menudo reactivada en la adolescencia.

El progenitor enamorado está más alegre, menos obsesionado por la vida de su hijo, se centra en las cosas esenciales y acaba ganando flexibilidad para afrontar los pequeños problemas de la vida cotidiana. ¡Todo el mundo sale ganando de los amores de los padres!

⇨ La sexualidad sobreexpuesta

Un progenitor que vuelva a vivir en pareja es un adulto muy implicado en su vida sexual. El niño no siempre vive fácilmente esta mayor presencia de la vida amorosa y sexual de su progenitor. Sobre todo cuando el niño es un poco mayor.

Un adolescente en casa y un progenitor enamorado son demasiadas personas preocupadas por la sexualidad al mismo tiempo. Todo esto recuerda, sobre todo al adolescente, que incluso los padres tienen una vida sexual. En sí, no es una exclusiva, pero es algo que el adolescente prefiere ignorar en una edad en la que descubre su sexualidad y preferiría pasar a la práctica... y en la que el complejo de Edipo (que estaba latente) se despierta.

⇨ **La competencia amorosa**

Cohabitar con un adulto que se siente como si tuviera 15 años enfrenta al adolescente a sentimientos que nunca había sentido con sus padres. Es verdad: el complejo de Edipo le ha hecho desear tomar el lugar del progenitor del mismo sexo que él. Pero, primero, es una historia antigua (entonces tenía entre 3 y 6 años) y, sobre todo, esos deseos habían permanecido en el estado de fantasía.

Ahora, el niño o la niña se siente inquieto con este nuevo adulto que comparte su vida cotidiana. No es fácil para una chica joven cruzarse con un hombre al que ha conocido hace quince días, en pijama, por la mañana. O para el chico joven, que se lava los dientes en el mismo baño que esa mujer que conoce apenas. Hablar de competencia amorosa entre el adolescente y su progenitor del mismo sexo sería abusivo. Sin embargo, es posible que la relación entre el adolescente y el padrastro se tiña de un matiz de seducción. En una familia «tradicional», se temería el incesto. Las familias recompuestas ponen el acento en el respeto a la diferencia entre las generaciones: el incesto es una prohibición en todas las familias y esto incluye a las familias recompuestas.

Reconstruir el dúo... cuando hay otro progenitor presente

⇨ La lealtad del niño hacia el ausente

Al principio, cuesta encontrar la armonía entre el recién llegado y el niño. Como si existiera una lealtad inconsciente que vinculara al niño con aquel que está menos presente en su vida (es decir, ausente de la realidad, pero presente en su cabeza). Nadie puede ocupar el lugar del ausente, padre o madre del niño. Todos los adultos del entorno del niño deben vigilar esta cuestión. El progenitor con el que se convive a diario y su nueva pareja amorosa deben respetar la imagen del otro progenitor. Hay que evitar echar más leña al fuego diciendo: «Que sepas que es tu padrastro el que paga tu colegio, que tu padre ya me debe tres meses de pensión alimenticia». El niño estará tanto mejor dispuesto hacia su padrastro si no siente un deseo de descalificar al progenitor del mismo sexo.

El otro progenitor, a su vez, quizá también ha vuelto a vivir en pareja. Asimismo tendrá que aplicar el respeto y mantener conversaciones sosegadas sobre el nuevo compañero (o la nueva compañera) de su ex. Es más fácil escribirlo que vivirlo, pero es la única manera de ayudar al niño a aceptar a los nuevos adultos que van desembarcando en su vida.

⇨ **La hora de los celos**

De entrada, compartir a su progenitor no es una alegría para los niños. Cuando se ha tenido durante años al progenitor para uno solo, descubrirle muy meloso en brazos de su nuevo amor se puede vivir como alta traición. Es la hora de las crisis de celos, en los pequeños más que en los mayores.

También sucede, con más frecuencia de lo que se cree, que el padrastro sienta celos de la complicidad que une al progenitor con los hijos. Esta «competición amorosa» es bastante peligrosa. Acabará por envenenar el conjunto de las relaciones familiares.

El padrastro debe liberarse de ese sentimiento. Si se siente celoso de sus hijastros, es un poco como si se co-

129

locara en el terreno de los niños, donde no tiene nada que hacer y nada que ganar. Si este sentimiento persiste, será útil también comprobar que el progenitor no alimenta involuntariamente esta rivalidad amorosa (la deja crecer un poco demasiado para provecho de los hijos). Por la parte de los hijos, tendrán que comprender qué esconde esa agresividad hacia el padrastro: ¿se sienten desleales hacia su otro progenitor? ¿Han elaborado el duelo por la pareja parental?

⇨ **¿Qué esconden las discusiones en torno al niño?**

Con frecuencia, las parejas separadas desean conocer la vida cotidiana del niño que vive con el otro progenitor. ¿Cómo se comporta el padrastro? ¿A qué hora se acuesta? ¿Controlan los deberes que hace? Las discusiones no tardan en surgir si el otro progenitor o el padrastro considera que son demasiado blandos con los deberes, demasiado severos con la hora de acostarse o demasiado generosos con los pequeños regalos.

En estas diferencias de prácticas entre los dos hogares, todo sucede como si una familia tuviese que tener razón y la otra no. Como si hubiese una buena y una mala manera de educar al niño. Debemos preguntarnos si esta rivalidad en torno a estilos de paternidad o maternidad no esconde otra, más difícil de verbalizar: la rivalidad sexual. Cuando uno de los padres ha vuelto o no a vivir en pareja, le puede costar aceptar que su ex le haya encontrado un sustituto. De ahí que se incrementen las puyas que dirige el recién llegado. Esta rivalidad entre adultos no debe interferir en las relaciones que el niño establece con todos los adultos (padres y padrastros) que se ocupan de él.

⇨ **Cuando no hay nada que hacer**

Al cabo de unos meses, salta a la vista: el padrastro y los hijos no se entienden. Si la cuestión de la lealtad de los hijos hacia el otro progenitor se ha normalizado, queda por analizar la actitud del padrastro hacia los niños. A veces, pone en uno de los hijos los defectos del otro progenitor. Por ejemplo, una madrastra puede exasperarse contra la hija de su nueva pareja porque le parece tan digna de desprecio como su madre. Si los niños notan animosidad o injusticia, no tardarán en reaccionar... Quizás al padrastro le cuesta aceptar a estos niños, símbolos de la historia de amor precedente. Ese será el caso si considera que su compañera o su compañero no ha terminado completamente esa historia.

Obviamente, ser una pareja parental obliga a los ex cónyuges a verse y a hablarse. Si el padrastro se siente celoso, tal vez habrá que reorganizar la relación entre lo conyugal y lo parental. ¿El trabajo de separación de su primera pareja se ha terminado de verdad? ¿Qué hizo que eligiéramos a esa primera pareja? ¿Y a la segunda? ¿Por qué se volvió insatisfactoria la primera unión? Se impone hacer balance...

Lo esencial

Los momentos de libertad que se otorga el progenitor van a sentarle bien y van a contribuir a aligerar la vida cotidiana con los niños.

En caso de nueva unión, es frecuente que el niño acoja el padrastro con mala cara. Pero, en el fondo, no le desagrada ver a su progenitor viviendo de nuevo en pareja.

En caso de desacuerdo entre el padrastro y los niños, habrá que comprobar que el estado de las relaciones de los ex cónyuges es pacífico y que el trabajo de separación se ha terminado para los niños y el progenitor que vuelve a vivir en pareja.

Conclusión

Aunque su vida cotidiana esté a veces sembrada de obstáculos, sea agotadora o desconcertante, los padres solos hacen que se tambalee la visión tradicional de la familia. Plantean la pregunta de qué hace a una persona padre o madre hoy en día. Por otra parte, tanto si han elegido esta situación libremente como si la padecen, reinventan las funciones paternas y maternas para el siglo XXI. Añadir un adjetivo para definir a estos adultos y denominarlos familia «monoparental» (o «recompuesta», etc.) equivale a estigmatizarlos, y puede tener como efecto menoscabar su responsabilidad parental cuando, en el fondo, este mosaico de familias muestra que en lo sucesivo ya no es la pareja la que constituye una familia, sino más bien el niño... Un niño rodeado de su padre y su madre biológicos, si es posible, o de otras figuras parentales positivas, que van a acompañarle durante toda su vida.

Bibliografía

BENOIT, J. A.: *Plus ça change, plus c'est pareil! Libérez-vous des répétitions familiales négatives* (¡Tanto más cambia, tanto más se parece! Libérese de las repeticiones familiares negativas), Québécor, 2004.

DE GAULEJAC, V.: *L'Histoire en héritage* (La herencia de la historia), Desclée de Brouwer, 1999.

FAVRE, D. y SAVET, A. (editores): *Parents au singulier: monoparentalités, échec ou défi?* (Padres en singular: monoparentalidades, ¿fracaso o desafío?). Autrement, 1993.

LEROY, P.: *Guide du parent solo. Des réponses concrètes et réconfortantes pour se sentir moins seul* (Guía del progenitor solo. Respuestas concretas y reconfortantes para sentirse menos solo), Filipacchi-Desclée de Brouwer, 2002.

NEYRAND, G. y ROSSI, P.: *Monoparentalité précaire et femme sujet* (Monoparentalidad precaria y mujer expuesta), Érès, 2004.

QUILUEN, C.: *Guide de survie du père célibataire: toutes les réponses aux préoccupations concrètes et quotidiennes d'un père célibataire* (Guía de supervivencia del padre soltero: todas las respuestas a las preocupaciones concretas y cotidianas de un padre soltero), Marabout, col. «Poche pratique-enfants», 2004.

SAYN, I. y POUSSIN, G.: *Un seul parent dans la famille. Approche psychologique et juridique de la famille monoparentale* (Un solo progenitor en la familia. Enfoque psicológico y jurídico de la familia monoparental), Bayard-Centurion, 1990.

Contactos útiles

Asociación de Madres Solteras Isadora Duncan:
Tel.: 987 26 14 49 – Avda. del Reino de León, 12, 24006 León.

Asociación de Separados, Divorciados y Viudos de Zamora (ASEVIDIZA):
Tel.: 980 51 60 13 – Avda. Requejo, 24, 49021 Zamora.

Federación de Asociaciones de Madres Solteras (FAMS):
Tel.: 91 310 36 55 – Calle Almagro, 28, 28019 Madrid.

Solidaridad con Madres Solteras y Separadas:
Tel.: 983 21 03 45 – Calle Pelícano, 6, 47012 Valladolid.

Asociación de Madres Solteras (AMASOL) de Zaragoza:
Tel.: 976 39 11 16 – Paseo Don Juan de Aragón, 2, 50001 Zaragoza.

Asociación Mixta Nuevos Horizontes (viudos y viudas):
Tel.: 956 09 29 42 – Plaza Omeyas, s/n, Algeciras.

Fundació Teresa Gallifa (madres en situación de riesgo): Tel.: 93 416 00 52 – Torrent de l'Olla, 216, 08012 Barcelona.

Sitios de internet:

Guía sobre adopción internacional en España del Ministerio de Justicia:

http://www.mju.es/guia_adopcion.html

Información general sobre la adopción:

http://www.adopcion.org/

http://www.euroadopt.org/espaniolas.htm

Escuela de padres del Ministerio de Educación y Ciencia:

http://www.cnice.mecd.es/recursos2/e_padres/

Otros:

http://www.cyberpadres.com/

Agradecimientos

Por su acogida y la relevancia de sus propuestas, agradecemos sinceramente la colaboración de:

— el servicio de Ayuda Social a la Infancia del Consejo General de Alta Garona;
— Sylvie Companyo, directora de la Escuela de Padres y Educadores de Alta Garona;
— Christiane Diemunsch, presidenta de la Federación Sindical de Familias Monoparentales;
— los documentalistas de La Documentation française, la CAF de Alta Garona, el INSEE y el INED (especialmente Maïté Ély);
— Anne Fauré, abogada especialista en Derecho de familia del Colegio de Toulouse;
— Vincent de Gaulejac, profesor de Sociología clínica en la Universidad de París;
— Jean Gréchez, terapeuta de pareja y director de un punto de encuentro en Pau;
— Dra. Anne Lesage, psiquiatra infantil en Las Landas;
— Gérard Poussin, profesor de Psiquiatría en Grenoble;
— Monique Sassier, directora general de la UNAF;

Un solo padre en casa

— Éric Verdier, psicólogo y encargado de misión en la Liga de los Derechos Humanos;

— Élisabeth Witasse, responsable de la acción social en la CAF de Alta Garona;

... y de todos los padres que han sido tan amables de responder a nuestras numerosas preguntas.

Índice

Introducción   5

Capítulo 1

Estado de la cuestión   7

Una situación cada vez más habitual   7

Un mosaico de familias   8

De las «niñas madres» de antes,
    a los padres solos de hoy 10

La invención de la «monoparentalidad» . . . 10

No se es monoparental al cien por cien . . . 12

¿Una situación involuntaria
    o deliberada? 13

Progenitor solo, pero no
    por mucho tiempo 14

Casado para lo mejor,
    no para lo peor 14

De la sociedad patriarcal
    a la sociedad de los niños 15

La paternidad zarandeada. 16

La maternidad, obligada a evolucionar . . . 18

La monoparentalidad estigmatizada. 19

Lo esencial 20

Capítulo 2

Un mosaico complejo 21
«Ha tenido un bebé sola» 21
El bebé del «ahora o nunca».............. 23
El bebé «tirita» 25
El niño «parche» 27
Ha tenido un bebé sola... en pareja....... 28
La pareja ha fallecido 29
Adoptar solo a un niño................. 31
Progenitor homosexual y solo 33
¿Un progenitor «presente ausente»? 36
Un ex casi ausente 37
Lo esencial 39

Capítulo 3

El desconcierto de ser padres 41
Para el padre y la madre............... 41
Para la mujer........................ 47
Para el hombre 51
Cuando se es padre o madre en soledad.. 54
Lo esencial 60

Capítulo 4

El progenitor solo y la vida cotidiana 61
Las dificultades 61
Jugar nuestra baza.................... 67
Hablemos de dinero... 70
Lo esencial 80

Capítulo 5
El niño 81
El desarrollo del niño 81
Edad por edad, las dificultades 87
Preguntas para el futuro 94
Lo esencial 99

Capítulo 6
El lugar del ausente 101
Cuando hay un solo progenitor 101
Cuando no se es un progenitor
  completamente solo 109
Lo esencial 116

Capítulo 7
La vida del adulto 117
Resérvese tiempo 117
Reconstruir el dúo... cuando no hay otro
  progenitor presente 120
Reconstruir el dúo... cuando hay otro
  progenitor presente 128
Lo esencial 132

Conclusión 133
Bibliografía 135
Contactos útiles 137
Agradecimientos 139

www.ingramcontent.com/pod-product-compliance
Lightning Source LLC
Chambersburg PA
CBHW072350090426
42741CB00012B/3000